社交电商

全运营手册

战略框架+案例解析+实战技巧

刘健　欧阳日辉　文丹枫◎著

人民邮电出版社

北京

图书在版编目（CIP）数据

社交电商全运营手册 ： 战略框架+案例解析+实战技巧 / 刘健，欧阳日辉，文丹枫著. -- 北京 ： 人民邮电出版社，2017.10（2023.7重印）
ISBN 978-7-115-46891-8

Ⅰ. ①社… Ⅱ. ①刘… ②欧… ③文… Ⅲ. ①网络营销－手册 Ⅳ. ①F713.365.2-62

中国版本图书馆CIP数据核字(2017)第222461号

内 容 提 要

本书从社交电商的崛起入手，从社交转型、粉丝经济、社群经济、内容电商、网红电商和直播电商 6 个方面对社交电商进行了全方位阐述，结合实践案例对社交电商的运营模式，社交电商的升级，社交电商去中心化，如何引爆粉丝经济、进行粉丝营销，如何建立社群、发展社群电商，内容创业者如何进行内容创业，直播电商如何引流、变现等内容进行了深度剖析，让读者对社交电商以及社交电商有一个全面、深入的认识。本书适合电商从业者、互联网行业从业者，以及对“互联网+”感兴趣的读者阅读。

◆ 著　　　刘　健　欧阳日辉　文丹枫
　责任编辑　赵　娟
　责任印制　彭志环

◆ 人民邮电出版社出版发行　　北京市丰台区成寿寺路 11 号
　邮编　100164　　电子邮件　315@ptpress.com.cn
　网址　http://www.ptpress.com.cn
　北京虎彩文化传播有限公司印刷

◆ 开本：700×1000　1/16
　印张：13.25　　　　2017 年 10 月第 1 版
　字数：180 千字　　　2023 年 7 月北京第 13 次印刷

定价：49.80 元

读者服务热线：(010)81055493　印装质量热线：(010)81055316
反盗版热线：(010)81055315
广告经营许可证：京东市监广登字 20170147 号

前　言

随着各大社交平台的崛起，消费者的需求愈发个性化，越来越注重场景化的体验，再加上电商平台对商家的控制力度越来越弱，消费者的时间愈加碎片化。传统电商、移动电商为吸引、沉淀客户，增强客户黏性，开始推行场景化营销策略，在运营的过程中增添了一些社交元素。由此，我国电商在经历了 PC 电商时代、移动电商时代之后进入了社交电商时代。在传统电商、移动电商陷入流量获取成本高、客户沉淀难等困境的情况下，社交电商的出现为其提供了一个新思路。

在此形势下，各大电商巨头都在社交电商领域积极布局，例如，阿里巴巴推出淘宝头条内容板块，并与新浪微博达成合作，积极探索、创新社交电商模式；京东推出“京东号”内容板块，并与微信、QQ 两大移动社交平台合作，探索社交电商模式，等等。

当然，除电商企业之外，线下零售企业也在积极试水社交电商，如快时尚品牌 ASOS 与英国航空、Costa Coffee 联合推出“下一站，伦敦”活动，并借助微信平台将这一活动扩散并传播，同时提升了 ASOS 的品牌知名度等。

除此之外，一些内容创业者也借助社交电商拉开了内容电商的序幕，例如，罗辑思维的会员收费制度，“李翔商业评论”推出的付费内容，今日头条与京东合作启动的“京条计划”，等等，都为内容变现找到了一条新出路。

如今，线上社交已成为人们的一种生活方式，社交电商也已经成为一种常见的购物方式，无论是淘宝、京东等线上购物平台，还是星巴克、ASOS 等线下实体店，以及内容创业者，都在积极试水社交电商。相较于传统电商模式来说，社交电商有以下几个优点。

★社交电商是基于熟人关系发展起来的，其推荐的商品更容易得到用户认可，更容易建立起口碑效应，增强用户的黏性与互动性，从而实现商业转化。据调查，传统电商的转化率不足 1%，社交电商的转化率能达 6% ~ 10%。

★社交电商能增强卖家与买家的互动，在互动的过程中，卖家能精准地把握买家需求，从而提供商品，使买家的个性化需求得到极大的满足。

★移动电商改变了传统电商多级搜索类目的产品展示方法，为商家增设流量入口，并采用场景化营销方式实现了平台入口与消费群体之间的高效连接。另外，社交电商还能根据用户需求生产产品，开展精准营销，控制电商的运营成本。

在这个瞬息万变的市场环境下，企业顺应市场发展趋势，积极变革，就有可能迈进一个全新的发展阶段。当然，变革的结果不一定都是成功，还有可能会失败，但如果企业耽于失败不敢变革，因循守旧，其结果一定是被市场淘汰。从目前的情况来看，传统电商、实体零售商、创业者的社交电商之路并不是一帆风顺，其中还隐藏着很多暗礁。

★虽然社交电商拥有巨大的市场发展潜力，但目前还未形成成熟的商业模式，其变现问题还没有得到很好的解决。

★从某层面来说，社交电商的发展过程就是市场格局的重塑过程，在这个过程中创业者有机会在市场上立足，但他们必须从行业巨头手中抢夺市场份额。这对于创业者来说是一个巨大的挑战，在与行业巨头对抗的过程中，很多创业者都将落败。

★近一年来，阿里巴巴、腾讯等互联网巨头在社交电商领域的探索势头逐渐放缓，无论是腾讯的微信购物入口，还是阿里巴巴的淘宝式电商生态，与社交电商的关联都不是很大。如果没有互联网巨头积极布局，社交电商的发展速度会非常缓慢。

★社交电商倡导去中心化，但去中心并不是没有中心，不代表平台可以不受规则的控制与约束。而微信布局的社交电商显然忽略了这一点，没有做好管控工作，导致微商危机爆发。所以，在社交电商未来的发展中，如何做好平台管控与引导，平衡用户体验与产品导流是亟须解决的重要问题。

★对于社交电商来说，还有一个亟待解决的问题——场景过渡。社交平台上的很多用户都非常抵制电商，处理电商与社交的关系，培养用户的意识与习惯需要长时间探索。

对于传统电商、实体零售商、创业者来说，积极探索上述问题的解决方案，在社交电商转型的过程中成功避开这些暗礁非常重要。我们对社交电商进行了长时间研究，将研究成果著成此书，希望能为线上电商、线下店商、创业者的社交电商转型提供有益指导。

本书从社交电商的崛起入手，从社交转型、粉丝经济、社群经济、内容电商、网红电商和直播电商 6 个方面对社交电商进行了全方位阐述，结合实践案例对社交电商的运营模式，社交电商的升级，社交电商去中心化，引爆粉丝经济，进行粉丝营销，建立社群，发展社群电商，进行内容创业，直播电商引流、变现等内容进行了深度剖析，希望读者通过阅读本书，对社交电商以及社交电商的方法有一个全面、深入的认识。

社交电商从出现到现在不过几年时间，在这几年的时间里社交电商爆发出了令人不可小觑的能量。虽然现阶段社交电商还存在一些问题，但是随着各大行业巨头的进入，这些问题终将得以解决，社交电商的商业模式及变现方式也将逐渐成熟，社交电商终将开启一个全新的电商时代！

目　录

第 6 章 网红电商：网红经济下的电商转型方法论

第 7 章 直播电商：全民直播时代的电商新玩法

第1章

下一个风口：

移动社交时代的电商新形态

1.1 掘金社交电商：颠覆与重构传统电商模式

1.1.1 社交电商：移动社交时代的电商变革

社交电子商务（Social Commerce）是指利用社交网站、SNS、微博、社交媒介、网络媒介等多种传播渠道，借助社交互动、UGC（User Generated Content，用户原创内容）等进行品牌或产品推广，实现更有效的流量转化和商品销售的电子商务新模式。

回 社交电商的诞生与崛起

在传统网络时代下，PC 端是电商交易的主导入口，此时为电商 1.0 时代，随着移动互联网的兴起，移动端应用成为消费者连接电商平台的主要通道，进入电商 2.0 时代。

如今，消费者越来越重视自身的个性化需求，同时，电商平台对商家的控制作用降低，用户的时间更加分散，并越来越关注场景化体验。在这种趋势下，移动电商通过向消费者提供多元化流量入口，采用场景化营销策略，在运营过程中添加社交元素，增强消费者黏度，经过长期运营逐渐形成良好的品牌效应，最终实现商业转化，并积累自己的长期用户。

某研究院发布的报告预计，到 2020 年我国社交电商商户将达 2400 万户，可见该领域蕴藏着巨大的发展空间及市场开发潜力。

现阶段，服饰、美妆、鞋帽等为社交电商的主导品类，在今后的发展过程中，电竞产品、母婴产品、食品等也都会加入进来。

电商 2.0 时代，用户的主体与中心地位更加凸显，越来越多的商业内容和行为由终端用户创造或主导，如博客、微博等自媒体平台中的内容。因此，从某种意义上来说，团购和 O2O 模式也是社交电商的一种表现形式。

社会化商务平台的有效运作是以电子商务自身产业链和用户的成熟为基础的。在电子商务发展早期，不论是相关产业链还是用户都处于培育成长阶段，因此对应的商业模式创新也很难真正发挥价值。

大众点评和豆瓣的成功早已证明了社交电商的巨大潜力；随后，以蘑菇街、美丽说、花瓣网等为代表的购物分享平台表明了社交电商的全面爆发。一个引人关注的情况是，这类社交电商平台的目标群体多是女性用户，且主要集中在时尚、美妆、家居等垂直领域。因此，从用户方面看，国内社会化商务平台的迅猛发展主要得益于追求时尚、美丽、品质生活的女性消费群体。

回 社交电商的四大类型

从具体的呈现形式看，可将当前的社交电商平台划分为 4 种模式，如图 1-1 所示。

（1）兴趣社交模式： 以蘑菇街、美丽说为典型，满足了用户的逛街需求，商业模式也明确直接，具有较强的盈利能力。

（2）“图片 + 兴趣”的模式： 以花瓣网为代表，这种模式在国外的代表是 Pinterest，即“Pin(图钉)+Interest(兴趣)”，用户可以将自己感兴趣的内容用图钉定在钉板（PinBoard）中。优势是简单、互动性强、有很强的视觉冲击效果，容易快速吸引和聚集起大量用户，不过在盈利方面需要大量用户作为支撑。

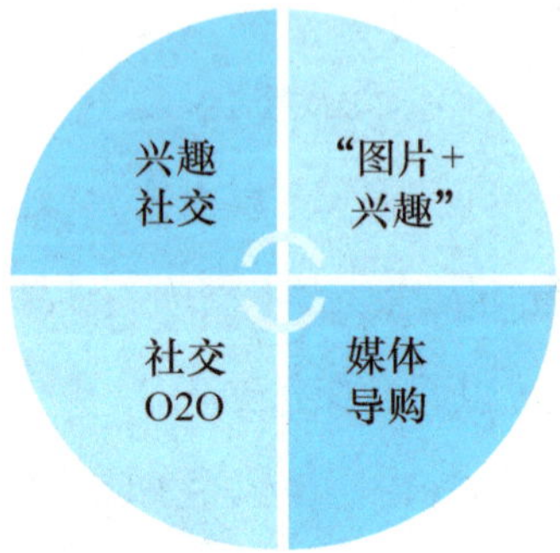

图 1-1　社交电商模式的 4 种类型

（3）媒体导购模式：以逛逛网为代表，媒体属性突出，能够让用户像阅读时尚杂志一样在浏览时深刻感受商品的魅力和价值，进而促成消费行为。不过，这一模式缺乏互动性，不容易实现用户聚合与沉淀。

（4）社交 O2O 模式：即线上线下互动促进消费。以大众点评、千品网为代表的线上导购、线下消费模式，特点是用户有着明确的消费目标，娱乐属性弱，对商品方面的要求较高。以好多巴多为代表的线下体验引流、线上消费模式，特点是平台对用户的黏性较高，重复购买率高，但需要布局大量线下网点。

回 电商巨头的强势布局

社交电商的概念早已出现并受到高度关注，各大电商巨头也在该领域积极布局。

（1）淘江湖

作为国内电商巨头，阿里巴巴一直在积极探索社交电商的有效路径。从淘江湖到淘帮派，从爱逛街到微淘，以及通过投资入股方式与新浪微博达成合作，都是其在社交电商方面进行的尝试和创新。

（2）美丽说

国内最大的女性快时尚电商平台美丽说是社交电商领域的佼佼者。该平台首先通过编辑对商品进行二次包装，然后基于用户的消费兴趣和行为习惯进行产品推送，并为用户提供自主分享和彼此交流的社区。美丽说的社交电商模式以用户共同兴趣为基础，满足了用户的逛街需求，因此更容易实现流量转化，具有较强的盈利能力。

（3）优物库

以“社交电商探索者”为口号的优物库帮助商家直接将淘宝店搬到微博平台，为买卖双方创造了更多价值。对买家来说，不仅可以通过与商家直接沟通消除各种疑虑，还可以邀请微博好友提供决策建议，做出更为合理的消费选择；对商家来说，可以借助优物库平台更好地进行社会化客户关系的管理、维护和拓展；同时，在消费者邀请微博好友帮助决策时，也能够实现商品信息的二次传播。

（4）大茶网

国内较为大型的涉茶 O2O 平台大茶网，就是一家基于社交打造的垂直类电商平台。该平台在全国挑选优质的茶叶，线上线下统一售价，同时组织相关线下体验活动，将商家和用户联系起来，帮助商家销售，同时聚集用户。对于用户来说，在平台的第三方信用“背书”下，他们可以买到物有所值的产品，对于商家来说，增加了实体店坪效和服务半径，并在平台的支持下，聚集了一批爱喝茶的用户。

1.1.2　精准转化：社交电商模式的三大优势

社交电商模式有三大优势，如图 1-2 所示。

社交电商黏性大、互动性强

在互动中把握消费者的个性化需求

社交电商平台可加强成本控制

图 1-2　社交电商模式的三大优势

回 社交电商黏性大、互动性强

基于熟人关系推荐的商品更容易得到用户认可，由此发展而来的社交电商能够提高营销针对性，在社群中建立口碑效应，提高用户对自身产品及品牌的认可度，增强用户黏度，最终实现商业转化。

随着经济的发展，人们的生活水平及消费水平逐步提高，除了日常生活所需的基本产品之外，人们也会从自身兴趣出发，购买一些非必需性产品。这类产品的价值主要体现在能够帮助用户提高生活质量。

对于生活必需品，用户可能在产生需求时做出消费决策，也可能每隔一段时间进行选购。但非必需性产品则不同，大多数情况下，用户会在接收到产品相关信息时做出消费决策，最终与商家达成交易。从经营者的角度来说，只有向消费者提供与其需求相匹配的优质产品，才能激发消费者的购买欲望，促使其完成交易。

回 在互动中把握消费者的个性化需求

社交电商能够提高消费者为高性价比商品付费的意愿。传统电商主要依赖商品搜索功能向消费者推荐产品，相比之下，社交电商拥有鲜明的社交属性，能够与消费者及时互动，并可通过意见领袖的推荐增强用户的信赖感。

所以，很多用户更倾向通过社交电商平台选购非必需性产品。从转化率的角度分析，传统电商的转化率通常达不到 1%，而社交电商的转化率可达 6% ～ 10%，明显高于传统电商，若电商平台与优秀网红合作，甚至能够实现 20% 的转化。

回 社交电商平台可加强成本控制

国内实力型电商企业抢占了大部分市场份额，电商平台对商家的控制作用较强。2015 年，阿里在国内网购市场的占有率达到 78%，在移动购物市场的占有率达到 82%。实力型电商平台承担信息推广重任，对商家运营产生重大影响。

商家在营销环节通过付费方式提高在平台的竞价排名，并在平台主页进行推广，在这种营销模式下，消费者很难在短时间内找到自己所需的商品。

随着流量成本的上升，传统电商的产品价格也有所上涨，因为消费者在传统电商购物需要付出大量的时间成本，越来越多的消费者将此类电商平台视为简单的商品搜索工具。

而社交移动电商的崛起改变了传统电商多级搜索类目的产品展示方法，为商家增设流量入口，并采用场景化营销方式，实现了平台入口与消费群体之间的高效连接。能够根据用户的特征将其分到不同群体中，基于数据收集和深度处理，与用户展开双向沟通，根据用户需求安排产品生产、设计及营销等各个流程，进而提高营销的针对性，在实现电商运营成本控制的同时，也使消费者能够快速找到自己所需的产品。

社交电商平台可以划分为如下两种：**一是聚焦于细分领域的信息分享社交电商，二是综合性大型电商推出的社交电商模块。**

前者在初期发展阶段以社区运营为主，在长期发展过程中积累了庞大的用户群体，蘑菇街、美丽说是这方面的典型代表；后者是实力型电商平台为布局社交电商领域而推出的，如淘宝达人专区、京东京范儿是这方面的典型代表。

以淘宝达人专区为例，时尚达人在平台中分享自己的穿搭经验，结合淘宝商品推荐信息，对用户进行引导。在这个过程中，达人会与粉丝进行互动，在了解其需求的基础上进行针对性营销；粉丝用户通过反馈形式自发推广优质内容，扩大信息覆盖范围。这样，平台联合达人可实施精准营销，激发用户的消费需求。

1.1.3　构建路径：社交电商平台的运作模式

社交电商平台的构建路径如图 1–3 所示。

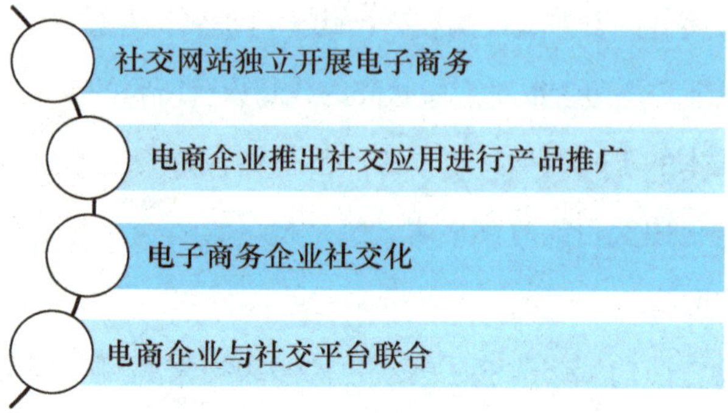

图 1-3　社交电商平台的构建路径

社交网站独立开展电子商务

社交网站在长期发展过程中积累了大批粉丝用户，运营方可以利用大数据技术掌握用户需求，在电商化运营中占据优势地位。作为社交网站的代表，新浪微博添加了购物频道，涉足电商运营。

电商企业推出社交应用进行产品推广

电商企业为打造与推广品牌会通过社交应用开展营销活动，在与用户互动过程中为其提供信息指导。举例来说，聚美优品的广告词“我为自己代言”直击年轻消费群体的心理，能够引发他们的情感共鸣，除此之外，该品牌在微博平台开展推广活动，能够在获取新用户的同时实现成本控制，并保持较高的利润获取量。还有不少商家以图片形式在社交应用平台进行产品推广，并在信息中添加店铺链接，方便用户直接点击链接进行购买。

电子商务企业社交化

天猫上线图片分享渠道“范儿（FUN）”，方便用户在平台发布图片，与其他用户进行互动，品牌方可通过图片推广方式提高用户黏度，引发口碑效应。美国摩根士丹利公司（Morgan Stanleg NYSE：MS）对电商行业后续的发展方向做出如下推测：**电商规模将持续扩大；电商企业的发展将趋向于社会化。**如今，消费者的选择已不再像传统时代那样盲目，而是更加关注整个消费过程的体验，电商企业趋向于社会化，能够在无形中作用于人们的消费选择，还能提升用户体验并帮助企业减少成本支出。

回 电商企业与社交平台联合

人人网联合淘宝商城、京东商城、凡客等知名电商企业，上线“人人爱购”平台，为用户提供品类丰富、质量可靠的商品，对接社交平台中各类用户的消费需求。微博联合淘宝电影在“发现”中上线“电影”专栏，用户不仅能够搜索电影相关信息，还能直接点击购票。当前，很多数字化产品都通过微博进行推广，并在微博平台发布相关信息供用户浏览，这种营销方式不仅能节省消费者的时间与精力，还能进一步拓展企业的利润获取空间。

1.1.4 模式变现：社交电商平台的创收渠道

社交电商是以用户为内容创作和传播的中心，通过用户间的交流分享实现更有效的销售转化。社交电商已受到普遍关注和认同，并逐渐成为新常态下电子商务的主流形态。从商业价值角度看，社交电商实现长远良性发展的关键是要设计出合理有效的盈利模式。当前，我国社交电商的创收渠道主要包括 3 种，如图 1–4 所示。

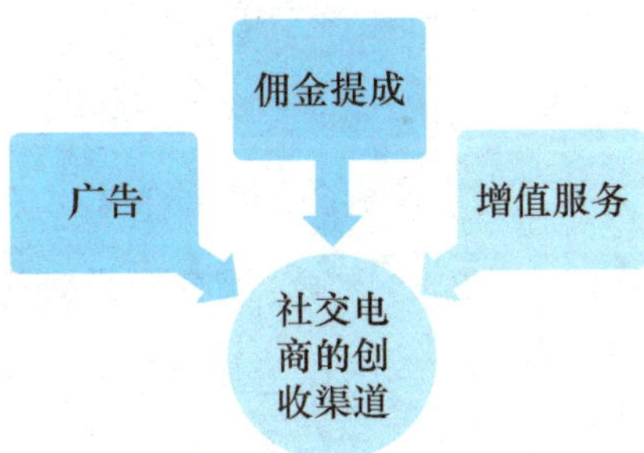

图 1-4 社交电商的主要创收渠道

回 广告

广告一直是互联网电子商务的一个重要创收渠道。而社交电商平台出于聚合了众多同质性用户，因此对企业和广告主更具吸引力，越来越多的企业开始将广告投放的重心放在互联网社群平台。数据显示，广告收入在社交电商平台中的营收占比达到了 80% 左右。

较为常见的广告形式包括传统的图文广告，如按钮广告、旗帜广告、对联广告等；动态插入式广告和富媒体广告；将产品或品牌信息合理嵌入游戏或组件中的植入式广告。

回 佣金提成

第三方社交电商平台多采用这种盈利模式，平台并不直接向消费者出售商品，而是通过为买卖双方提供一个高效对接、沟通和交易的方式，分享售卖方的利润。

由于自己并不售卖商品，因此这类社交电商平台不用花费大量资金、精力自建物流体系和进行供应链管理，国内较为典型的有美丽说和蘑菇街等。

美丽说的大量用户经常会在平台中发布或分享自己喜欢的商品图片与信息，好友或其他对该商品感兴趣的用户则可以通过这些信息图片直接链接到相应的 B2C 或 C2C 电商网站中的商品购买页面；每一次成功交易后，B2C 或 C2C 电商网站就需要按事先定下的协议比例向美丽说平台支付佣金。另一个第三方社交电商平台蘑菇街也基本采用相似的运作方式。

不过，佣金提成的盈利模式对 B2C 或 C2C 电商网站有很强的依赖性，后者运营的好坏直接影响这类第三方电子商务平台的收益。有研究指出，美丽说每个月能为淘宝网带去大约 7 亿元的交易额，蘑菇街中大约 90% 的商品也会被引到淘宝网进行交易。因此，若淘宝网出现运营不佳的状况，必然也会对前两者造成严重冲击。

回 增值服务

增值服务赢利包括两种形式。

一种是向平台用户收取会员费，愿意付费的用户会成为平台会员，享受普

通用户无法获得的有偿服务和特殊服务。国外此类盈利模式的运作经验显示，平台中只要拥有不低于 8% 的付费会员就能实现盈利，这显然对很多社交电商网站都有很大的吸引力。

目前，国内有部分社交网站采取此种方式。好多巴多就是一个综合性购物的会员制平台，其会员除了能以优惠价格购物外，还能享受免费使用好多巴多线下生活馆场地、免费喝茶等诸多福利。好多巴多通过收取会员费的方式，保证了平台的运营，同时有足够的空间给会员带来优质的服务。此外，还有许多专业性较强、能为用户带来某种特定价值的垂直性社交电商网站，也比较适用该盈利模式，如百合网、智联招聘等平台就是主要通过收取会费的方式保证了收入的长期稳定。

另一种形式是提供增值虚拟服务，通过鼓励用户消费虚拟物品获取收益，这在游戏中最为常见。例如，基于聚合起的庞大用户群体，腾讯推出“QQ 农场”游戏，通过刺激玩家购买装备道具，在虚拟物品交易中获得了丰厚收益。此外，很多电商企业还通过发行虚拟货币（如 Q 币、校内豆等）的方式深度激发用户消费虚拟物品的欲望。

1.2　模式类型：国内社交电商的主流运营模式

1.2.1　兴趣驱动型：基于兴趣的社群部落

淘宝导购网站是第三方社交电商早期的发展形态，后期采用独立运营模式。以美丽说、蘑菇街为代表的第三方社交电商在早期发展阶段以淘宝导购网站的形式存在，因为其发展使淘宝直通车广告面临挑战，淘宝对其流量导入做出限制，要求第三方导购网站引进的流量须控制在 10% 以内。

随着第三方社交电商的发展壮大，淘宝电商领域感到压力日益明显，为了解决这个问题，淘宝于2013年开始限制美丽说、蘑菇街的发展，用户点击这两个网站的商品链接不能再进入淘宝店铺，支付宝也不再为其提供服务。为了寻求发展，第三方导购网站开始转变运营模式，并独立运营。自此，美丽说、蘑菇街模仿淘宝，打通产品链接并建立独立后台，并转为第三方物流配送及支付。

越来越多的导购网站向社交电商的方向发展。蘑菇街、美丽说从淘宝独立出来之后，通过转型为社交电商以维持自身正常运转。这类平台与专业买手及时尚达人合作，在具体运营过程中，达人向用户推荐优质商品，对用户的消费进行引导；若用户对其推荐的产品满意，则会成为达人所建社群的成员。

成员们基于共同兴趣汇聚到社群中，能够认可达人在社群中分享的推广信息。从总体上看，用户依赖性也较强，在进行社群管理的同时，达人会在群里发布很多产品推广信息，促使用户消费，尽管平台在商品丰富度上有所欠缺，但这种运营模式下，用户的多次消费能够为其发展提供保障。

社交电商的盈利模式逐渐不同以往。过去，蘑菇街与美丽说以淘宝导购网站的形式存在时，其盈利与淘宝的销售业绩相关，采用的是CPS（Cost Per Sale，以实际销售产品数量换算广告刊登金额）模式，在这种模式下，平均交易金额低，导购网站的利润也低。

如今，蘑菇街与美丽说采用的是CPC（Cost Per Click，投放的广告按点击收费）模式，在这种模式下，社交电商平台利用达人建立的社群来吸引用户，更容易实现用户转化，其活跃用户规模在短时间内出现大幅增长，在这种形势下，商家也更加青睐那些能够刺激用户下单的推广方式，采用该模式的平台也获得了更多收益。

基于兴趣的第三方社交电商呈蓬勃发展之势。以蘑菇街、美丽说为代表的社交电商依托社群管理及运营，能够获得大批用户的关注，信息发布后，蘑菇街当日的用户转化率可超过 1%，高者能够接近 2%，比传统电商更具优势。

虽然面临淘宝等电商平台带来的压力，以唯品会为代表的垂直电商又给其发展带来挑战，以蘑菇街、美丽说为代表的移动电商平台依然迅速发展，并跻身电商领域的前列。

1.2.2　关系驱动型：基于社交平台的微商

微商是从微博平台诞生的，依托微信获得迅猛发展。在早期发展阶段，活跃于微博平台的意见领袖依靠自身的高人气，在社交平台发布商品推广信息，于短时间内迅速扩散，微博平台的晒单及代购是微商早期的发展方式。随着移动互联网的高速发展，微商又借助微信迅速发展，到 2016 年第三季度，微信的月活跃用户数超过 8 亿，很多微商基于微信好友间的熟人关系对微信流量进行商业转化。

如今，微博与微信都成为微商的主战场，微博的主流营销方式有时尚达人及意见领袖推荐。而微信的推广方式分为 4 种类型，如图 1-5 所示。

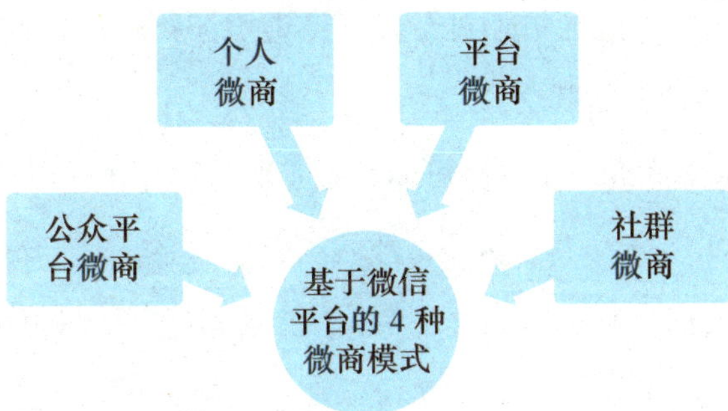

图 1-5　基于微信平台的 4 种微商模式

第一，以韩束、思埠为代表的公众平台微商，这类微商利用服务号、微信订阅号进行信息推广；

第二，个人微商，大部分从事代购，通过朋友圈发布营销信息；

第三，以点点客、口袋购物为代表的平台微商，这类微商受平台的统一管理，平台进行指导与帮助，通过朋友圈主题群分享进行推广；

第四，社群微商，这类微商因为共同兴趣集中到一起，通过微信群进行营销。

微商运营模式发展迅速，其竞争优势日益明显。进入 2013 年后，以韩束、思埠为代表的美妆品牌将微信朋友圈作为主要推广渠道，采用明星代言等营销方式为微商的发展打下基础。由于微信朋友圈广告泛滥，微信采取措施限制刷屏推广，因此很多营销者大量囤货；供应链环节及消费者权益方面出现漏洞，导致个人微商的发展举步维艰。

平台微商能够帮助个体经营者解决相关问题，在产品供应、消费者维系、信誉保障等方面为其提供支持，如口袋购物，帮助微商减少开店及运营的阻力，使其快速开店，将微店与品牌商后台打通，接到消费者订单后直接为其发货，避免在产品供应方面出现问题，方便店主查看销售数据，今后还将为经营者提供更多帮助。由此一来，越来越多的个体微商选择这种运营模式，平台微商成该行业的主流发展趋势。

商品销售平台微卖与微博达人合作进行营销。对于入驻社交电商平台的商家来说，他们最关注的是能否通过开发新渠道增加新用户。官方数据显示，截至 2016 年年底，微博月活跃用户达到 3.13 亿，其中不少大 V 在粉丝群体中具有强大的号召力，其庞大的流量优势可为商业变现提供基础。

微卖平台于 2015 年 7 月与微博达成战略合作关系，对于入驻微卖平台的店家，微博达人可根据自身影响力接任务，然后在社交平台上进行信息推广；当店家与消费者达成交易后，达人可获得一定比例的报酬。这种信息推广方式不仅帮助商家获得更多用户的关注，也有助于达人挖掘粉丝的商业价值。由此一来，越来越多的达人及商家加入微卖平台，推动了该平台的发展。

1.2.3 定制驱动型：基于个性定制的团购

随着社交电商的发展，用户线上购物的流程已经发生了根本性变化。社交电商依托的社群中，有的是以共同兴趣为集合点，也有的是以社交需求为集合点，不管是哪一种，社交电商的用户消费流程都已经不同于传统模式。

传统电商时代下，用户在产生需求后才会进行消费，因为电商平台的品类十分丰富，用户需要清楚自己的产品需求，在平台中进行搜索，然后下单。社交电商则不同，很多用户在早期并没有明确的产品需求，但经过达人或好友的推荐后激发了购物欲望，才与商家达成交易，若体验满意，则会更加相信达人及好友的信息分享，从而进行多次购买。

购物流程的变化使平台的主导作用逐渐减弱。传统电商平台主导市场时，用户在需求产生后才进行消费，电商平台能够为其提供丰富的产品，满足其需求，所以用户更倾向于通过平台消费，相比之下，商家对用户的影响较弱，也无法分析用户意见并据此进行产品优化。

在社交电商时代，人们对产品的要求提高，尽管传统电商平台的商品种类丰富，但要找到优质产品，需要耗费大量时间。人们的消费需求已经不同以往，但仍难以确切了解产品质量，而推广信息又存在夸大现象。

在这种情况下，达人与好友的推荐更容易获得用户的认可，因此，社交电商迅猛发展，很多依赖综合性平台的用户逐渐转向社交电商平台，这类平台依托达人建立的社群开展运营，削弱了平台的核心地位，并对整体的电商分布产生影响。

在移动互联网高速发展的今天，采用 C2B 模式的个性化定制团购被越来越多的商家实践。以往，用户多通过大型电商平台满足自己的商品需求，利用关键字搜索及目录浏览的方式查询商品信息，在这种情况下，电商网站主要通过关键字广告、产品展示广告获利。

在社交电商时代，用户的消费模式发生了彻底变革，用户关注了大 V、达人，或成为其社群成员后，可以接收关键意见领袖发布的产品推广信息，并在其引导下消费。统计结果表明，用户通过移动端购物时收藏商品的次数远远超过传统 PC 端，如此一来，社交电商平台就能对用户的消费特征进行分析，并据此提高营销针对性，通过向消费者提供优惠信息促使其与平台达成交易。

另外，商家还能根据社群成员的兴趣发布他们可能感兴趣的商品推广信息，双方交易达成后提供给平台一定比例的报酬。未来，将有更多用户与商家基于 C2B 小规模团购实现交易合作。

口袋购物运营方发现，某款服装共被 1000 位用户收藏，但这些用户并未下单，为了刺激他们消费，经营者组织了团购定制活动，为这批用户提供优惠价格，以短信方式通知他们，最终达成的交易量超过 300 件，转化率达 30% 以上，明显高于 2% 的平均水平。由此可见，**平台微商利用社交媒体的大规模用户基础，加上通过大数据技术获取的用户数据及分析结果，将进一步促进整个社交电商行业的发展。**

1.3 微电商：打造去中心化时代的“人人电商”

1.3.1 微电商模式：解决传统电商的痛点

随着移动互联网时代的到来，一方面，传统电商市场增速放缓，且同质化竞争、价格战等诸多发展痛点依然难以解决；另一方面，社交应用产品一直在探索适宜的商业赢利模式。如此，结合电子商务与社交媒体的社交化电商应运而生，并受到越来越多的关注，其中以微电商最为典型。

不过，作为一种全新的电商形态，微电商在野蛮成长的同时也显现出越来越多的问题，如没有构建出成熟的电商生态、流量监控与管理缺位等。因此，以微电商为代表的社交化电商能否真正发展为未来电商的主流形态，还有待进一步的实践检验。

随着移动互联网的发展成熟以及手机成为主要的流量入口，微电商模式逐渐成为电商领域的新宠。手机成为人们获取更便捷生活的主要入口，也为商家带来了高效精准对接消费者的新路径；“人人电商”“网店低成本”等词汇以及微店、拍拍微店、喵喵微店等众多工具的不断出现，使微电商成为一种备受关注和追捧的电商新形态。

面对手机端开店的大潮，各家互联网企业自然也不甘落后，通过各种方式积极参与布局微电商，建立自己的微电商平台。

例如，专注于时尚女性消费者的垂直电商蘑菇街，通过在其 APP 平台中增加个人开店功能，实现了对微电商的布局。蘑菇街 APP 用户可以自主上传商品，并借助微信、微博、QQ 等诸多社交化媒体更有效地售卖商品，同时，平台也不再要求个人发布商品时必须进行品类划分。当前，蘑菇街 APP 已成为国内时尚女性购买和互相分享的必备平台。

传统电商和社交应用各有利弊，都无法充分满足商家与消费者的多元化诉求，而社交电商却通过两者的有机结合实现了优势互补，自然也就成为备受青睐的电商形态。

从传统电商看，网民规模的不断扩大虽然为电子商务带来了巨大的市场空间，但同质化竞争、价格战、频繁的节日促销和前景不明等问题愈发凸显，成为传统电商发展的痛点和瓶颈，具体如图 1-6 所示。

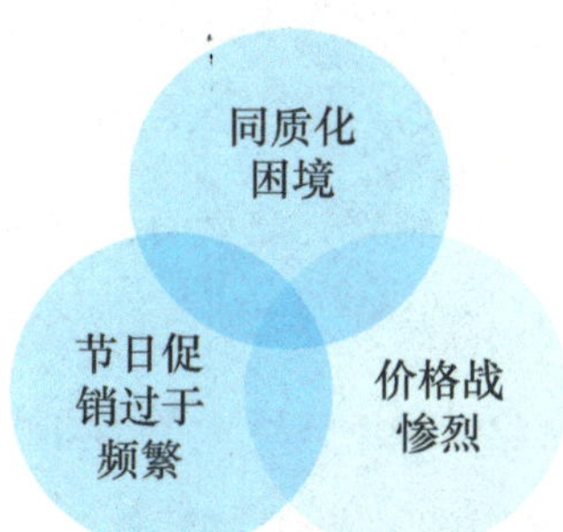

图 1-6　传统电商模式的三大痛点

（1）同质化困境

在产品极大丰富的互联网商业时代，消费者在任意一个电商平台都能找到自己需要的商品；而各电商平台中销售的商品在品类、功能、价格等方面也基本一样，这导致电商同质化现象严重，缺乏自身特色，无法长久吸引和留住消费者。

（2）价格战惨烈

就当前来看，我国多数消费者仍属于价格敏感型，人们愿意通过线上渠道购买商品，除了因为拥有更多的选择外，更重要的是可以获得更大的实惠。价格成为电商吸引消费者的有效手段，从而导致各电商平台之间爆发愈发惨烈的价格战。

（3）节日促销过于频繁

近些年，各大电商不仅借助中国传统节日积极进行促销活动，更是不断“创造”各种节日，如天猫的“双 11”活动、京东的“6 • 18”店庆等，都会引发全民消费狂欢。然而，过于频繁的节日营销必然会造成人们的购买疲劳，最终也不利于电商行业的良性、长远发展。

社交应用方面，虽然我国社交化网站和各类 APP 发展迅猛，但却没能构建出一种清晰有效的商业模式，创收困难。当前来看，会员付费是各社交平台普遍采用的创收方式，但我国网民尚未形成为内容付费的习惯，即便平台提供的内容质量很高，多数用户也不愿为此掏钱。因此，**SNS 社交平台发展的最大瓶颈是缺乏清晰有效的盈利模式，这导致大量中小社交平台被迫出局。**

显然，电商和社交应用各有利弊，前者有盈利模式却没有吸引和留存用户的手段，后者对用户具有很强的吸引力却缺乏创收能力。如果将两者有机结合、优势互补，那么必然能为企业带来十分巨大的商业想象空间。如此，以微电商为代表的社交化电商模式大受欢迎也就成为题中之义。

社会化媒体的大规模爆发使越来越多的消费者在进行消费决策和购买行为

时，不再单纯被动地依据商家提供的信息，而通过社会化媒体，从朋友、同类消费者那里获取更多的信息和消费建议。

1.3.2 微电商运营：打造“小而美”经济

2015年以来，各种微电商玩法层出不穷，微秒杀、微返利、微支付、微限购、微卖场、微店铺等让人眼花缭乱，再加上微信支付、支付宝等移动支付工具的快速普及与推广，更是让微电商得以发展成为闭环生态，以微电商为核心的微经济时代正向我们迎面走来。

发生在互动、分享、评论及口碑传播等信息传递过程中的个人电商交易都可视为微电商。以微博、微信为代表的社交媒体平台为微电商的发展提供了强有力的支撑。

和传统电商强调规模效益相比，微电商更加侧重细分群体的个性化及差异化需求，以小而美取代大而全，所以很多从业者也将微电商称为“每个人的电子商务”。微电商是一种门槛极低的商业模式，它是一种人人皆可参与的经济形式，使诸多创业者及小微企业找到了一种挖掘移动电商的重大发展机遇。

微电商凭借丰富多元的购物场景与优质服务，赢得了广大消费者的青睐。随着微博、微信等社交媒体平台的迅速发展，智能手机、Pad等移动终端的普及推广，我们迎来了移动社交时代，电商业态变得极为丰富，B2B、C2C、B2C、C2B以及自媒体电商，再加上个人电子商务等，电商创业者有太多的玩法可以选择。

在微博、微信等社交媒体平台中，微电商已经爆发出了惊人的能量，很多创业者通过微电商获得了相当惊人的财富。作为一种电商垂直业态的微电商，以其广阔的发展前景吸引了诸多品牌商及投融资机构的广泛关注。那么，如何才能抓住微电商短暂的窗口期，对微电商从业者也是一个不小的挑战。

以微博为例，微博上存在大量的微电商创业者，他们借助微博引入精准流量，并为目标群体提供个性化的产品及优质服务，在积累大量粉丝的同时，也获得了可观的利润。营销是微电商得以发展壮大的重要基础，在微博上进行微电商营销推广时，需要注意以下几点：

第一，微博主页的命名、页面布局等要美观大方，适合目标群体的风格，这样会更容易赢得他们的信任；

第二，微博营销的目标是为了吸引并沉淀忠实粉丝，所以商家要能够长期输出优质内容；

第三，为了充分满足用户的内容消费需求，商家应该在内容形式、题材、主题等方面进行创新，尽量采用图文结合的方式，短视频甚至视频直播等皆可尝试；

第四，举办一些线上及线下的推广活动，如转发微博参与抽奖，邀请积极互动的粉丝参加线下聚会等。

上述几点主要针对的是资源相对缺乏的草根创业者，那些有实力的品牌商完全可以将营销工作交由第三方专业营销公司，甚至和平台方合作，实现针对目标群体的定制推广。

微电商的确表现出了强大的发展势头，但作为一种新生事物，自然也存在一些缺点与不足，经过一段短暂的爆发式增长后，微电商的短板日益凸显，如假冒伪劣产品横行、物流时效不稳定、售后服务缺失等，这些问题给微电商的发展带来了极大的阻力。

此外，不同平台的用户拥有各自的调性，他们的消费需求十分多元化。要想通过对商户、用户及需求信息等各种资源的高度整合来充分满足其需求，就要打造大数据中心，借助大数据、云计算、移动互联网等新一代信息技术实现用户需求的深度挖掘及精准营销，显然，完成这些工作不能仅依赖一家平台，需要多方进行战略合作，实现资源共享。

此外，平台购物体验仍有较大的提升空间。以微博为例，虽然微博也有微博钱包这种支付工具，但它不能像支付宝和微信支付一般随时提现。很多商家对微博的在线交易安全性存在较大的担忧，所以仅将微博作为引流工具，在淘宝、天猫、京东等电商平台完成下单、交易、支付等环节。

目前，对微电商产业发展最为关键的是吸引更多线下商家的加盟。为此，很多社交媒体平台积极尝试进行线上线下融合的O2O推广，为线下商家引入精准流量，为其打造方便快捷的交易系统等。微电商时代序幕已经悄然拉开，可以预见的是，在微电商各家企业的争相布局下，上述问题的解决只不过是时间问题，未来的微电商必将爆发出惊人的能量。

1.3.3 网红微电商：社交网红的粉丝变现

自媒体电商在运营过程中，先是由个人或专业团队生产优质内容，并上传到社交平台（如直播平台、微信、微博等）实现粉丝积累，最终通过电商运营进行商业转化。其中，网红电商蕴藏着巨大的发展潜力。**网红群体通过展示自己的艺术才能、专业知识，向用户持续输出优质内容，从而获取大规模粉丝，之后再通过广告代言、礼物赠送或电商运营挖掘粉丝的商业价值。**

艾瑞咨询集团与微博联合发布的《2016网红生态白皮书》显示，2016年网红产业的总体价值接近580亿元。网红群体凭借个人影响力及团队化运营，通过自媒体平台的内容输出，将自己的粉丝用户转化为电商平台的消费者。

网红与自媒体平台及电商平台的运营结合起来，共同构成一体化的产业生态。如女装领域中，网红生态与传统女装行业的运营存在共性，通过生产、设计及营销环节的串联形成完整的产业体系，其区别在于，网红能够对平台积累的粉丝用户进行价值深挖，在互动过程中了解粉丝需求，进行流向变现，同时降低成本。

近两年，直播作为新型营销模式快速兴起。与微信、微博相比，网红可采用直播形式与粉丝展开更为高效、即时的互动交流，直播也就成为诸多品牌商追捧的对象，因此，直播形式被越来越多地应用于产品推广及销售环节。

直播的优势主要体现在能够帮助品牌商沉淀高质量用户；网红在直播运营时，可通过文字、语音等方式与观众沟通互动，并可根据用户反馈意见调整自己的内容及输出节奏，除此之外，其他互动方式的立体性及真实性都难以与直播相媲美；在品牌打造方面，直播也能发挥重要的推动作用，调动用户参与的积极性，通过气氛营造引发观众的情感共鸣，拉近观众与品牌之间的距离。

2016 年 4 月，彩妆品牌美宝莲在上海举行品牌发布会，当红偶像明星 Angelababy 与 50 名网红以直播方式亮相时，50 名网红向观众展示了模特上妆的过程，此次直播吸引了大批观众，数据统计显示，发布会期间，腾讯视频同时在线观看用户超过 500 万人。

而熊猫 TV 同时在线观看用户达 15 万人，美拍同时在线观看用户达 8 万人，美宝莲 60 分钟的直播促成 10000 只口红的销售。2016 年 5 月，韩都衣舍也联合“手淘”“一直播”直播，邀请高人气时尚达人开启韩国旅行直播。

如今，社交电商与网红电商呈现迅猛发展姿态，这两种经济形态在互联网商业领域的地位也日渐突出。电商化运营能够以共同需求为主题，将大批用户汇聚到同一互联网平台上，在日常运营及管理过程中，通过用户间的互动、达人或业内人士提供的资讯，对用户需求进行引导，最后借助社群力量进一步明确消费者需求，并为其提供相对应的产品。

位于生产端的品牌企业可以根据电商平台收集的用户需求，对自身的产品生产及设计进行调整优化，更好地对接用户的个性化需求。社交电商正是凭借其在生产、设计、营销等环节的优势，使传统电商的发展受到巨大冲击。

面对激烈的市场竞争，传统企业为使自身运营更符合市场需求，必须进行改革，为此，经营者不仅要完善自身服务体系、优化消费者购物体验，还要提高企业在产品供应环节的竞争力。

1.4　京腾计划：连接一切战略下的社交电商升级

1.4.1　从“京腾计划”看社交电商的独特性

近十年来，对消费品企业的发展影响最大的就是渠道因素。以康师傅方便面、娃哈哈营养快线、农夫山泉为代表的实力型消费品企业，主要通过渠道优势实现销售业绩增长，在很多地区，这类企业的渠道已经拓展至小规模城市，并实现了全面覆盖，由此可见，对消费品企业而言，其商品销售在很大程度上依赖渠道拓展。

由于传统零售在整个运营过程中存在太多中间环节，而互联网平台能够在商家与消费者之间搭建桥梁，凸显了电商运营的优势，对传统零售的发展造成冲击。京东发布的《2016 中国电商消费行为报告》指出，2016 年国内电子商务交易总额超过 20 亿元，在社会消费品零售总额中所占比例达 10% 以上，其快速增长与移动互联网的庞大流量优势密不可分。

实力型电商平台京东于 2014 年与腾讯达成合作，手机 QQ 购物、京东微信购物展开运营，掀开了移动社交电商发展的新篇章。2014—2016 年，率先发展起来的移动社交电商在电商流量市场上占据主导地位，面对激烈的市场争夺，很多社交电商开始聚焦于垂直领域，并注重在运营中添加娱乐元素。移动社交电商的独特性如图 1-7 所示。

回 购物趋向于社交化

在移动互联网普遍应用的今天，用户上网不再受时空因素的限制，与其时间分布零散的特征更相符。与此同时，社交平台纷纷出现，并受到用户青睐，各式各样的社交场景中包含多样化的购物信息，如此一来，用户就有可能在任何时间及场所进行购物。

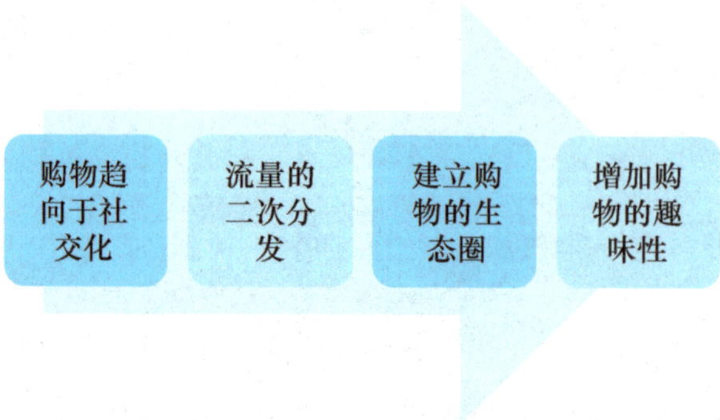

图 1-7 移动社交电商的独特性

人们在用微信与好友互动、查看朋友圈的同时，也能接收到好友推荐的购物信息，进行线上消费；在交易完成后，能够通过简单操作将商品信息发布到微信朋友圈，或在微信购物圈中晒单，与好友进行互动。在这种趋势下，用户的购物行为向社交化方向发展。

手机 QQ 购物与京东微信是这方面的典型代表。这两个平台上的许多社交场景都为用户提供了购物信息，具体形式包括好友的分享、朋友圈中的信息发布、主题群中的相关话题讨论、明星晒单等。如今，手机 QQ、微信都已推出支付功能，用户可在线完成结算。因此，人们在浏览朋友圈、参与主体群讨论、玩互动性强的趣味小游戏的过程中，就能通过简便操作，实现整个购物流程。

回 流量的二次分发

社交功能可以给商家带来流量的二次分发，实现更大范围的信息扩散。例如，有些优质内容可在不同社交平台传播，众多用户参与转发体现出移动社交电商的独特性。信息多次传播有利于商家进行市场拓展，降低用户获取成本。在此期间，与手机 QQ 及微信平台达成合作关系的京东能够依托社交平台的庞大用户基础，进行流量积累与信息扩散，从而在竞争中居于优势地位。

回 建立购物的生态圈

传统社交电商不存在生态系统，主要通过流量获取来开展运营，不同的是，移动社交电商建立了生态圈。以京东为例，其与腾讯的手机 QQ 和微信联合，从而获得社交平台在流量方面的支持，配合自己的电商化运营。在实施过程中，依托社交平台的庞大流量基础进行信息扩散，打造口碑效应，并向电商平台引流。为了提升用户的购物体验，帮助其节约时间与精力，京东采取内容输出的方式进行信息传播，利用大数据获取并管理用户信息，利用媒体平台推广，并将营销与场景相结合，增加用户数量。

回 增加购物的趣味性

为增加用户购物的趣味性，京东微信与手机 QQ 突破传统思维模式，推出好友代付功能，并通过明星晒单、SNS 红包吸引用户参与。以明星晒单为例，吴秀波、刘涛、马可等当红明星在微信购物圈展示自己购买的产品，让粉丝了解偶像的兴趣与喜好，刺激粉丝的消费欲望，从而购买“明星同款”产品，大大增加用户的购物乐趣。

1.4.2　揭秘京东移动社交电商的主要优势

回 从用户的角度分析

手机 QQ 购物与微信购物依托其社交属性，将信息推广、传播、购物、支付连接到一个平台上，满足用户在社交及购物方面的多项需求，不断增强用户体验。通过参考社交平台的用户数据进行分析，移动社交电商能够提高品牌营销的针对性，达到理想的推广效果。具体而言，京东利用大数据技术获取的用户行为分析，加上腾讯广点通的推广数据，帮助商家瞄准潜在消费者，根据消费者需求进行产品采购、广告设计，使商家在实现成本控制的基础上增加收益。

传统模式下，商家与客户之间存在中间商，经营者对用户特征及其消费行为的把握十分有限，其推广也缺乏针对性。相比之下，微信及 QQ 拥有广泛的用户基础，能够收集海量用户数据，在把握用户需求的基础上可向其推荐相应的产品。

这方面具有代表性的是京东微信公众平台“京东 JD.com”。到 2016 年，其粉丝规模突破 8000 万，并可根据用户的基本信息，如所处位置、性别等进行针对性营销。这种方式可有效避免无用信息对用户的干扰，用户则能享受更加优质的购物体验，商家也可实现高效转化。

回 从商家的角度分析

包含社交功能、电商功能及支付功能的完整购物生态体系能够提高用户对平台的依赖性，减少经营者在流量吸引方面的资金投入；京东的海量用户数据与腾讯社交平台的用户数据相结合，能够帮助商家进行准确的市场定位，提高其营销针对性；与此同时，商家还能推出种类丰富的营销活动来调动用户参与，进行大范围、精准化、有效的营销。

例如，京东微信购物联合浪莎集团于 2016 年推出的“浪莎丝袜节”，在此次活动期间，通过网络平台预约的用户数量达 34 万人，日销量达 150 万双，7 天销售总额达千万级。配合该活动推出的“穿上丝袜，都是美腿”的 SNS 游戏受到众多年轻用户的青睐，超过 90 万用户参与游戏互动。

通过分析数据可以发现，自 2014 年推出以来，微信上的京东一级入口“购物”在 2016 年的主动访问量同期增长达 80%；2016 年第一季度的手机 QQ 及微信成交总额同期增长超过 170%；2015 年“双 11”当日，通过手机 QQ 及微信达成交易的用户在所有交易量中占比超过 50%。由此可见，手机 QQ 购物、微信购物在很大程度上促进了商家的推广及销售。

伴随互联网的持续发展，移动社交电商呈上升发展趋势，借助社交群体的粉丝运营为用户提供针对性产品推荐。手机 QQ 购物与微信购物背靠 QQ 与微信平台的支持，融入其社交生态系统中，并依托手机 QQ 与微信打造起移动购物生态圈；与此同时，平台向用户提供丰富的场景及互动游戏，能够提升用户的购物体验，使其随时随地轻松购物。

综上所述，未来，手机 QQ 购物及京东微信购物为代表性的移动社交电商平台将进一步推动移动电商与社交的融合。随着该领域的发展不断趋于成熟，平台方将为用户提供更多趣味性活动，增强平台与用户的互动，在原有基础上进一步提升用户体验，打造完善的移动社交购物生态。

1.4.3　抢夺碎片化流量，有效提升转化率

从电商产业链条的发展及运营看，包括商家及平台在内，其发展都离不开流量的支持。所以，从根本层面上说，移动电商平台之间的激烈比拼就是围绕移动互联网流量而展开的。

电商平台通过打造独立 APP 开展运营，京东也不例外，但京东在经营移动客户端的同时，还发挥创新思维，入驻用户基础广泛的手机 QQ 与微信平台，以社交为入口，进军移动电商领域。

在传统互联网时代下，网络平台承担流量分发工作，而这些流量是电商运营不可缺少的。进入移动互联网时代后，由于移动流量的分布缺乏集中性，平台分发流量不复存在。所以，要在移动电商领域获得优势地位，就要进行流量争夺。京东入驻手机 QQ 与微信取得了不错的成绩，可见，以社交为切入点能够成为运营方的竞争优势。

推广即时化是移动社交电商的突出优势。电商在获取流量的过程中，首先要做的就是推广，由于移动互联网流量的分布不集中，与其他平台相比，手机 QQ、微信用户之间的关系更为紧密，能够在短时间内吸引用户关注。

最具推动作用的当属手机 QQ 与微信的互动及分享功能。举例来说，某用户在微信或 QQ 中发布了购物体验信息，其微信及 QQ 好友出于对该用户的信任，会认可其推荐的信息内容，并进行推广，这种方式能够在短时间内大范围覆盖，使运营方获得可观的流量。

上述推广方式能够将社交特性与用户的消费心理联系起来，以往，人们在做消费决策时会浏览其他消费者的反馈信息，但用户与这些消费者之间并不熟

悉。相比之下，手机 QQ、微信是基于熟人关系的信息分享及互动，用户更容易认可，也就更容易实现流量转化。

移动社交电商在发展过程中致力于依托社交特性，使分散的移动互联网流量汇集到同一个平台上，从而实现商业价值的转化。

近年来，在移动电商领域，平台对商家的控制作用逐渐降低，随之而来的是整体运营的加快。以京东入驻手机 QQ 与微信来说，这两大社交平台不仅能够满足用户之间的即时通讯需求，还上线公众平台并为其他应用提供接口。商家不仅能通过引入多元化技术手段增强用户体验，还能收集用户数据，并为其提供更完善的服务，实施精细化运营。

1.4.4 建立用户忠诚度，构建多元化场景

京东在与手机 QQ、微信合作过程中推出了不少创新的推广方式，并获得不错的成绩。具体表现为“蝴蝶节”面向潜在消费者进行信息推广、微信购物圈明星晒单活动等。

京东与手机 QQ 及微信的功能相互补充，才能实现从社交平台向电商平台的引流。手机 QQ、微信作为社交平台，在用户基础方面具有明显优势，再加上手机 QQ 与微信都开通了支付功能，能够通过线上渠道进行交易，而京东的参与则可满足用户对于商品的消费需求。手机 QQ、微信的社交及支付功能与京东的电商功能相结合，为商家的营销、销售、交易、客服等提供了系统化的服务，实现流量转化。

无论是手机 QQ 还是微信，都有庞大的用户基础，不仅如此，用户在线时间远超过其他平台，且特征突出。大部分商家只注重平台的用户规模及其在线时间，却往往忽略用户特征。经过分析不难看出，手机 QQ 依据用户特征，以“标签”形式对其进行了划分。同样，微信也以用户需求为基准对其进行简单归类。

京东则利用社交平台的用户特征，开展了一系列精准推广与营销。一方面，依托手机 QQ 与微信的海量用户，京东可实现大范围的信息覆盖，其中，手机 QQ 在中小城市乃至农村地区已得到较为广泛的应用；用户在线时间长，能确保信息的有效触达。另一方面，以手机 QQ 及微信的用户分类为参考，能够提高信息推广的针对性，向目标用户推荐产品。举例来说，经常在朋友圈发布孩子照片的用户能够接收到母婴商品的广告推送。

同时，相比传统电商，社交电商在用户黏性方面具有天然优势。一方面，微信及手机 QQ 提供了通信、公众号等基础工具，使商家能够通过即时沟通、普及日常知识等多种形式实现用户沉淀，并通过优质的内容输出使用户对品牌产生认可。另一方面，微信及手机 QQ 提供了各种各样的接口，使商家可以自主开发和接入各种工具，实现对用户的管理以及用户数据的深度识别和挖掘，从而引导用户的购物行为。

另外，从用户忠诚度方面分析，社交电商比传统电商更胜一筹。手机 QQ 及微信具备通信功能，方便商家与用户进行沟通互动，使用户认可商家的内容输出，并关注品牌的公众号。通过为用户提供高质量的内容，拉近用户与品牌之间的距离，增强用户黏度。

包括电商在内，所有互联网的创意想法都来源于场景。以往的电商场景只是为了与线下购物区别开来。近年来，随着电商领域的迅猛发展，网购场景也不同于传统模式。如今，即便没有产生购物需求，用户可能也会做出消费决策。所以，电商平台要寻求长远发展，就要把握场景。

“以用户为中心”是社交电商不同于传统电商的集中体现。也就是说，社交电商以用户需求为核心，其运营以内容输出及用户吸引为前提。相比之下，传统电商主要进行信息推广及产品营销，并通过这种方式吸引用户，其核心是产品展示与销售。

通俗来讲，在传统模式下，用户对商品产生需求，会进店消费；如今，越来越多的场景会引导人们进行购买决策。举例来说，当用户在景区参观时，欣赏当地的自然景观及人文古迹，景区中会出售相关的纪念品，用户可能做出消费决策。在这种情况下，用户不仅是消费者，还参与了社交，体会到了更多的乐趣。也可以说，购物成为用户的社交方式之一，用户的购物需求是在社交需求产生的前提下发生的。

自 2014 年入驻手机微信及 QQ 以来，京东在移动电商领域的规划布局日益凸显，并通过社交电商的运营取得优势发展地位。国内移动电商领域拥有广阔的发展前景，为了争夺市场，经营者会寻求多样化的发展模式，社交电商的发展可作为一条有效的发展途径，未来，两者之间的结合发展会逐渐成为主流。

第2章

社交转型：

社交网络时代的电商创新路径

2.1 去中心化：消费者主权下的商业格局之变

2.1.1 用户主权：消费者购物决策的变化

随着移动互联网与社交网络的快速发展及普及应用，人们的时间与购物方式被切割，呈现出碎片化的特征，这种特征在移动社交网络用户身上表现得极为明显。

例如，人们在乘坐地铁的时候想从自动售卖机中购买一瓶饮料，只需拿出手机，打开微信，扫描二维码支付即可；用户在浏览朋友圈信息的时候看到朋友分享的一款水杯非常喜欢，就可以立即下单支付，等待快递即可；周末与朋友逛街的时候看到一件衣服，既想买，又不想拎着太多东西逛街，就可以使用微信线上下单，让店员将衣服快递到家……在现实生活中，这样的消费场景非常多。

在互联网环境下，人们的行为方式与行为习惯有了很大的改变，同时发生变化的还有购物时间与购物空间。从以前的逛街购物到现在的线上购物，从以前的电脑下单到现在的手机下单，购物时间从特定到随心所欲。

现如今，购物已经成为一件随时随地都能发生的事情，人们的购物决策与消费追求都在不断改变，这种改变具体表现在 3 个方面，分别是信任感、参与感与真实感如图 2-1 所示。

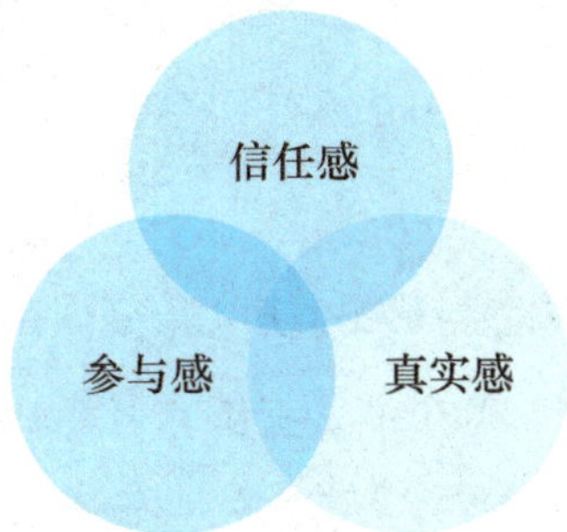

图 2-1　消费者购物决策变化的 3 个方面

回 信任感

如果用户在浏览微博的时候看到一则边栏广告，在很多情况下都会置之不理，更不会产生购物欲望。而如果用户在浏览朋友圈信息的时候看到一款朋友推荐的商品，先不考虑价格因素，如果这款商品令用户非常满意，基于朋友间的信任，用户很可能不问价格直接下单购买。在现实生活中，这种情况非常常见。

相关数据显示，在中国社交媒体用户的好友来源中，同学占比 70% 以上，同事占比近 60%，家人、亲戚、朋友占比 40% ～ 50%，这些人相互熟悉，存在良好的信任基础。再加上微信这个社交平台的定位就是熟人关系，相较于微博等开放性的社交平台，微信的信任感更强。

现如今，在我国整体商业诚信体系不健全的情况下，网上购物的所有信息都可以造假，包括好评、销量等。但在多数情况下，朋友与家人的意见都是真实的，更能对用户的购物决策产生影响。

在这种情况下，如果用户关注了商家的微信公众号，就表明商家已取得用户信任，接下来要做的事情就是经营、维护这种信任关系，增强用户的信任感，将这种信任感转化为实际购买力。简单来说，只有取得用户信任，商家才有可能获得更好的发展。

回 参与感

现如今，很多成功的企业都非常注重用户的参与感。参与感包含两方面内容：一是让用户参与到产品研发设计中来，也就是C2B（Consumer to Business，消费者到企业）模式；二是让用户参与到品牌传播中来，也就是粉丝经济。

为何企业如此重视用户的参与感呢？其主要原因在于参与感体现了用户思维。

互联网打破了时空限制，每个消费者都有可能就某个产品与陌生的消费者在某个购物社交平台上沟通、交流、分享消费主张，形成消费社群。这些消费者拥有强烈的自我意识，对产品与服务的需求已经从功能层面深入到情感层面，希望能参与产品设计、制造等流程，参与决策。随着用户需求的变化，品牌的沟通诉求也发生了较大的变化，参与感自然而然就受到了极大的重视。

回 真实感

随着互联网的发展，零售业发生了很大的改变。在以前，购物活动只能发生在百货商店、超级市场、购物中心等场所；互联网出现之后，购物活动走出线下门店，发展到了线上。

据马云预测，2020年，线上零售规模在整体零售的占比将达50%。但从目前线上零售的情况看（2016年全年，实物商品网上零售额在社会消费品零售总额的占比为12.6%，全国网上零售额较上年增长26.2%），线上零售在社会零售的占比还不足一半。

美国相关研究表明，穿戴类商品的本地化系数大约为0.65。对这个系数最常见的解释就是如果虚拟渠道销售所占比例超过35%，就会进入不经济状态（全行业不赚钱状态）。所以，未来实体零售不会被线下零售全面取代。

在过去，吸引人们网上购物的一大原因就是便宜。但现在，随着人们手中可支配收入增加，人们对便捷、体验、服务的追求愈加强烈。相较于线上购物，越来越多的人倾向于线下购物，因为线下购买的真实感与体验感更强，顾客能买到更加合身的衣服、鞋子。

那些对体验感要求较高的商品来说，线上零售无法带给用户更好的购物体验。但是随着移动互联网的发展，传统行业变革速度越来越快，线上与线下终将互通，实现一体化。

2.1.2　去中心化：传统电商模式面临崩溃

随着互联网的发展，传统行业的变革开始加速，很多传统企业开始线上布局，走上了电商之路。但是，传统企业的电商之路走得并不顺利，很多商家的网上店铺生存得异常艰难。

据调查统计，在淘宝平台上，仅有 3% 的商家可以赚到钱，30% 的商家仅能维持生计，55% ～ 60% 的商家赚不到钱。在过去的几年里，淘宝平台与天猫平台都曾出现过关店潮，很多曾无比辉煌的淘品牌纷纷落幕。

为何传统行业的电商走到了如此境地呢？其主要原因在于传统电商所遵循的中心化模式。中心化模式使商家生存困难，其原因主要有 3 点，如图 2–2 所示。

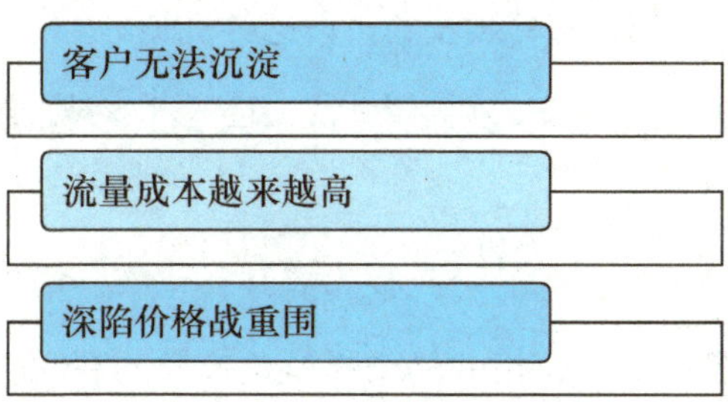

图 2-2　中心化模式下商家的生存困境

回 客户无法沉淀

淘宝与天猫是中心化电商，都以商品为中心，不重视品牌，甚至弱化品牌。所以，时至今日，许多用户在淘宝平台购物的时候，只会记得在淘宝平台购买了一件什么样的商品，不会记得这件商品的卖家是谁、品牌是什么。等到下次再想买这样一件商品时，又会重新搜索商品名，而不是直接搜索商家店铺名称或者品牌名称。

这就是中心化电商最大的缺陷。在这种模式下，商家与客户难以沟通连接，客户得不到沉淀，商家要想销售产品，只能不断地购买流量获得新客户。在这种模式下，商家今天还拥有的某种平台资源，明天或许就会失去。在平台电商的定义中，这叫作“拥抱变化”，今天可能只是战略性亏损，明天就有可能发展为持续性亏损，只因消费者根本不记得你是谁。

回 流量成本越来越高

因为客户无法沉淀，商家就必须不断购买流量获得新客户。随着淘宝商家数量越来越多，竞争越来越激烈，淘宝商家的流量获取成本也越来越高。但要明确一点，商家流量成本攀升的根本原因在于淘宝、天猫平台的核心商业模式。

淘宝平台的直通车与百度的竞价排名机制非常相似，百度年营收增长的一个重要原因就是 ARPU 值（Average Revenue Per User，每用户平均收入）的攀升。淘宝平台也是如此，淘宝商家的 ARPU 值在不断增长。在竞价排名机制下，只要固定成本、广告成本、人工成本之和低于客单价，淘宝商家就会为获取流量不断地支付费用，平台方就能持续获利。在这种机制下，所有的商家都在为平台赚钱，商家的利润空间越来越小，在流量购买方面的开支越来越大，生存愈发艰难。

回 深陷价格战重围

很多淘宝、天猫平台上的品牌商家为提升转化率，增加交易额，都在以打折促销的方式大打价格战。价格战的结果就是商家的利润空间进一步缩小。在淘宝平台搜索“2017 新款连衣裙”，销量排名前十的产品价格多在 100 元以内，其中有半数以上商品价格在 50 元以内，有的商品售价仅 19.9 元，还包邮。面对这种情况，我们不得不思考，商品价格如此之低，商家的利润从何而来？

另外，这十家销量排名在前的淘宝商家并非熟知的淘品牌。那么熟知的淘品牌现状如何呢？根据韩都衣舍、茵曼、裂帛发布的财报可知，这些品牌的净利润率仅为 2% ～ 5%。导致净利润率低的原因固然有税收，但也不排除成本及其他费用开支过大，商品售价过低等原因。由此可见，无论是否是熟知的淘品牌商家，都没能逃脱价格战。

2.1.3　商业逻辑：从流量思维到用户思维

随着互联网的发展、消费者消费行为的转变，传统行业变革加速，走上了电商之路。随着传统行业的线上布局，电商平台上的卖家数量越来越多，竞争愈发激烈，流量成本攀升，生存环境愈发艰难，去中心化的平台电商模式受到严重的挑战，一种新商业图景正在逐渐显现。**要想改变平台模式，必须调整思维模式，变更商业逻辑，引导流量思维向用户思维转变。**

回 流量思维的缺陷

什么是流量思维？**流量思维指商家通过购买广告或者中心化平台的流量入口来销售商品。**这种思维模式有以下 3 个缺点。

第一，在流量思维模式下，商家通过购买流量销售商品，客户无法沉淀；商家无法与客户直接沟通，想要销售商品就只能购买流量。

第二，流量成本逐渐提升，商家竞争愈发激烈，竞争成本与日俱增。

第三，移动互联网去入口化。在 PC 时代，用户通过搜索引擎、浏览器、导航网站等流量入口获取信息；但自进入移动互联网时代以来，入口概念被弱化，通过浏览器搜索某一信息的行为逐渐减少，微信、微博等社交平台的使用时间逐渐延长，随着入口的变化，整个移动广告模式也有所改变。

回 用户思维的主要优势

什么是用户思维？**用户思维的定义是以用户运营为中心，以移动社交网络为基础，在品牌与消费者之间建立连接，增强消费者网络购物的信任感、参与感与真实感。**具体来讲，用户思维有以下三大优势。

（1）广告成本逐渐降低

如果商家运营的社交媒体或公众账号的粉丝数量达100万，商家发送一条消息有100万的受众，就不用为了销售商品而购买流量。

（2）打造C2B模式

即产品生产以用户为主导，受数据驱动，按需生产。在这种模式下，企业就可以以预售量为标准调整整个产品供应链，压缩库存。

（3）塑造粉丝经济

在企业引导用户参与产品设计、研发的时候，也就意味着用户参与了产品传播，粉丝经济随之成形。

自进入移动互联网时代以来，由于手机屏幕较小，广告位置也大幅减少，商家即便有巨额的广告预算也毫无用武之地，因为微信等拥有超级用户的APP为了保证用户体验不会发布硬广告。随后，移动互联网平台的商业化、广告模式、营销思路都会发生较大的变化，UV（Unique Visitor，独立访客）、PV（Page View，页面浏览量）受到的关注会越来越少，粉丝、活跃度等指标将吸引更多企业的目光。

在移动互联网环境下，信息的透明度更高，用户掌握的话语权更多。在这种情况下，企业仅凭听取客户需求解决客户问题等方法无法在更高层面上将“以客户为中心”落地，要引导客户真真切切地参与商业链条，包括收集用户需求、产品设计与研发、产品生产与销售等各环节。只有这样，企业才有可能获得客户的支持与信赖，获得更好的发展。

从某种程度上讲，**用户思维就是互联网思维的核心，从产品设计到用户体验，再到口碑传播，都需要用户参与。**这里的用户参与指的不是创建社区与论坛，而是要让企业的管理模式、技术架构、研发模式都与这种新模式适应，以C2B模式为基础构建一个独立移动电商平台，将工作重心从商品销售迁移到用户运营中来，引导流量思维朝用户思维转变。

回 商业形态：C2B+O2O 的泛中心化

随着消费者消费行为的变化、商业逻辑的转变、互联网思维的构建，商业形态也将随之改变，具体如图 2-3 所示。

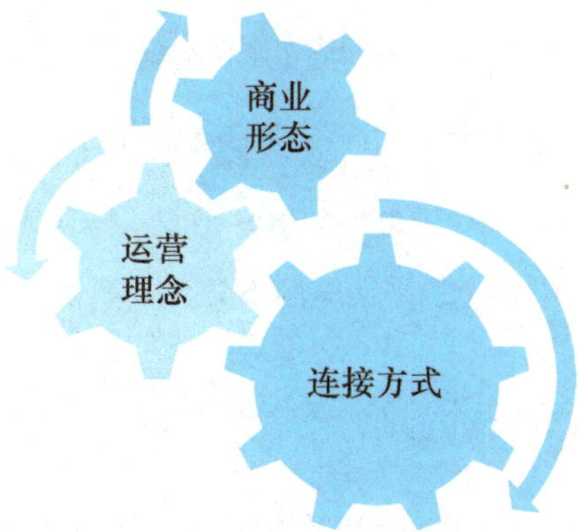

图 2-3 互联网商业形态的变化

（1）连接方式

在 PC 时代，消费者与品牌以点对一的方式连接在一起，线上与线下分离。在移动互联网时代，在手机、社交、LBS（Location Based Service，基于位置的服务）的辅助下，消费者与品牌以点对点的方式连接在一起，线上与线下实现了一体化。在这种模式下，消费者与品牌能直接沟通，消费者在线上选好一款产品，可在线上预订、下单，到线下实体店体验、提货；或者在逛街的途中选好一款产品，可在线下实体店扫描二维码下单、付款，要求线上发货。

（2）运营理念

传统行业刚开始触碰电商时要遵循"轻 C 重 B"的原则。"轻 C 重 B"指用户端要轻，让用户获得更简单、高效、快捷、直接的体验；B 端要深，要触及企业内部业务逻辑，将线上与线下打通，对商品库存、订单统一管理。在该理念下，互联网与传统行业的关系不再是颠覆与被颠覆的对立关系，而是充分发挥各自优势（互联网擅长做 C 端，传统行业擅长做 B 端）实现有效结合。

（3）商业形态

未来的商业形态将表现为中心化平台与商家并存，以用户为主导，受数据驱动，线上与线下实现一体化的泛中心化业态。

因为在移动互联网环境下，消费者与品牌以点对点的方式连接在一起，未来的零售业态将被打破，实现重构；消费者的购物渠道也会转变为企业在移动网络社交基础上建起的独立商城。未来，或许零售的概念将逐渐消失，平台电商的去中心化也仅是一个过程而已，去中心化不代表没有中心，而是商家以自我为中心建立诸多社群。当然，短时间内中心化的平台电商不会完全消失，而是会与商家长期共存。

2.1.4 价值协同：用户思维下的品牌沟通

自进入移动互联网时代以来，消费者的消费行为、购物决策不断变化，信任感、真实感、参与感备受用户关注，消费者与品牌之间的关系也发生了较大的改变——**从单向的价值传递到双向的价值协同，从被动接受到主动参与。**

移动社交网络时代的品牌是以用户为主导的口碑品牌，是一种 C2B 商业形态。在这种形态下，商家要快速构建信任感、参与感与真实感。当然，商家要率先构建起信任感，因为只有取得用户信任，用户才有可能去参与、体验。

回 建立信任感

建立信任感的 3 种策略如图 2-4 所示。

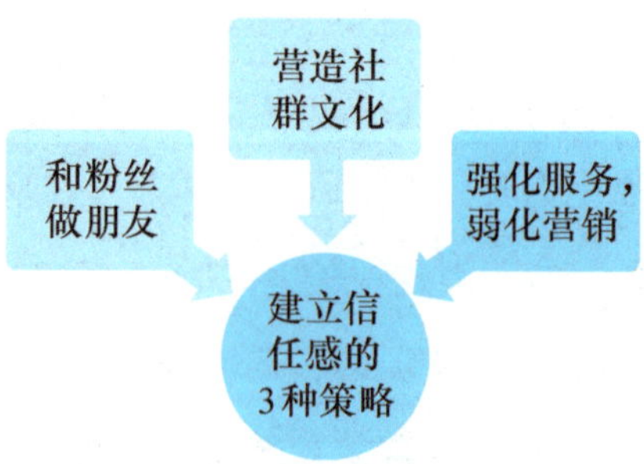

图 2-4 建立信任感的 3 种策略

(1) 和粉丝做朋友

企业要想取得消费者信任，建立信任感，首先要加强与消费者的沟通，将普通消费者转变为粉丝，对其进行分组，制定标签，了解他们的兴趣爱好，定期推送他们喜欢的内容，与他们做朋友，以逐步建立信任感。只有这样，粉丝才会主动表达自己的需求，才会邀请他们的朋友成为企业粉丝。

(2) 营造社群文化

不同的用户在同一兴趣爱好的指引下聚集在一起就形成了一个小型社群，社群领袖就是品牌，领袖向社群成员传播信仰，这个社群就有了巨大能量，最典型的案例就是小米和罗辑思维。

在这个社群经济时代，品牌建立自己的社区非常必要。在社区中，品牌可以引导粉丝交流互动，可以向粉丝传达品牌信仰与品牌文化，在粉丝交流的过程中，这种品牌信仰与文化就能不断扩散，形成一种粉丝文化。当这种文化被广泛认可之后就会发生二次裂变，形成病毒式蔓延。

(3) 强化服务，弱化营销

在 PC 时代，品牌影响消费者购物决策的主要方法就是持续不断地进行营销。但是在移动互联网去入口化的过程中，如果品牌还保持这种营销观念，用户对其产生的信任感就会逐渐减弱。因此，在移动互联网时代，企业要将重心放到用户运营上，借助微信建立快速服务通道，及时响应用户需求，解决用户问题，提升用户满意度，逐渐获取用户对品牌的信任。

在信任感建立起来之后，购买、体验就会自然而然地发生。之后，企业就要开始建立用户的参与感。

回 建立参与感

建立参与感的 3 种策略如图 2-5 所示。

(1) 开放参与节点

品牌要让消费者参与商业链条的每一个环节，其中包括收集用户需求、产品设计与研发、产品生产与销售、产品服务等。为了达到这个目的，企业要将这些节点全面开放，收集消费者在参与过程中的意见，对其进行筛选、反馈，发现消费者共同的需求与痛点，并将其作为功能性需求放到产品中。至于产品设计与产品测试，也可以引导消费者参与，让他们来评选与公测。

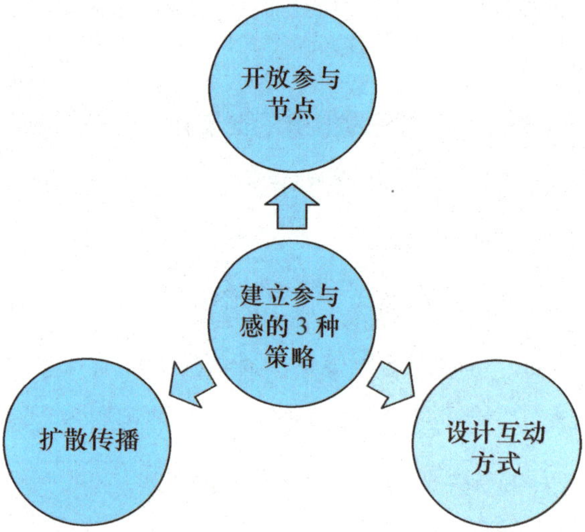

图 2-5　建立参与感的 3 种策略

（2）设计互动方式

开放参与节点之后的第二步就是设计互动方式，其设计原则是简单、真实、有趣，能吸引粉丝参与，并能刺激粉丝带领他们的好友参与。例如，在收集粉丝意见的时候可以设计一个有奖调研活动，粉丝完成调研就可抽奖一次。这种小活动能极大地调动粉丝参与的积极性，更好地建立参与感。

（3）扩散传播

扩散传播效果与互动方式密切相关，优秀的互动方式能有效增强扩散传播效果。扩散传播设计要遵循简单、有趣、时尚、真实、获益等原则。以聚美优品的“七夕走鹊桥”活动为例，在图文引导下，聚美优品的粉丝积极参与活动，并将自己的成绩发布到微信朋友圈，吸引朋友参与，经过持续裂变，最终活动的参与人数超过了 20 万，扩散传播取得了很好的效果。

回 构建真实感

在成功构建参与感之后，企业要积极构建真实感。构建真实感这一活动源于消费者的体验需求与感知需求。虽然移动互联网在一定程度上延伸了人体的感官，但在短时间内触觉、嗅觉等仍无法满足消费者的体验需求，所以，企业亟须构建真实感，构建真实感的 3 种策略如图 2-6 所示。

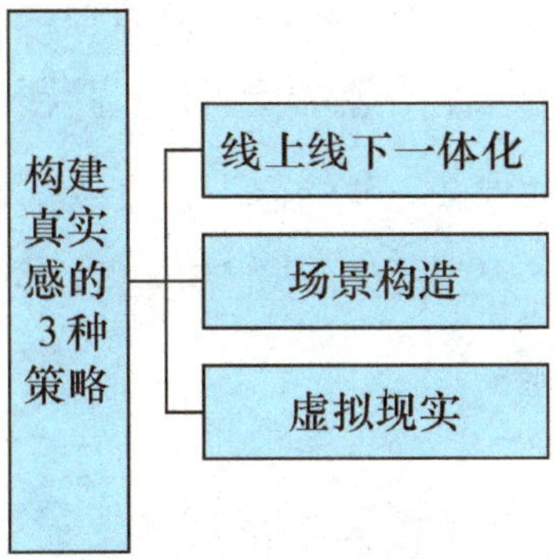

图 2-6　构建真实感的 3 种策略

（1）线上线下一体化

既然网络店铺不能满足消费者的触碰需求，就可以直接将消费者引向线下实体店铺。品牌可通过线上活动吸引消费者注意，如果消费者对某些商品有真实体验需求，就可以借助 LBS 技术将其引向线下实体门店。线上线下一体化是电商未来的发展趋势，不管零售还是生活服务，都将实现线上预订、线下体验；线下购买，线上发货。在这种模式下，消费者可以无后顾之忧地购物。

（2）场景构造

在消费者愈发场景化的情况下，品牌要构建真实感就要构造现实生活中的场景。如在现实生活中，消费者经常与好朋友一起逛街购物，试穿衣服时经常让好友评价，然后决定是否购买。为构建真实感，品牌就可以模拟这个场景，用户选中一件衣服，将其分享到朋友圈，查看朋友评论，甚至还可以选择多件衣服进行对比，看哪件衣服最受好友支持，然后以此为依据做出购物决策。虽然这种方式与现实的购物场景还略有不同，但已接近真实，有效建立了真实感。

在现实生活中，类似的场景还有很多，品牌可尽情发挥创造力，模拟这些场景，以建立真实感。

(3) 虚拟现实

自进入移动互联网时代以来，消费者的时间愈发碎片化，受时间有限、精力不足的影响，消费者不能逛街购物。面对这种情况，品牌要充分利用虚拟现实技术，将线下场景搬到线上，让消费者可以直接在线上试穿，进行搭配，由此来增强消费者的真实感。例如，3D 试衣镜，消费者只需根据自己的三围打造一个虚拟人物，就可以选择衣服试穿，获得真实的试穿体验。

2.2 引流转化：淘宝卖家如何转型社交电商

2.2.1 传统电商转型社交电商的发展趋势

随着移动互联网的高速发展与智能手机的普遍应用，越来越多的用户通过移动电商平台来满足自己的娱乐及消费需求。

除了基本的电商运营之外，电商平台紧跟时代大潮，在网红领域展开布局，通过优质的内容输出积累粉丝，借助网红的力量进行信息推广与产品营销。支付宝以移动支付功能为核心，增加了社交功能，方便用户之间的沟通互动，反映出电商平台向社交化方向发展的趋势。

在移动互联网的所有行业中，论变现能力及利润所得，居于首位的当属电商行业，这种现象在国内表现得尤为突出。这是因为传统零售难以跨越层层中间商，而企业自有物流与第三方物流的打通能够有效控制人力资源成本，为电商行业的发展提供了有利条件。自 2010 年以来，国内电商行业呈快速发展趋势，以阿里巴巴、京东、聚美优品为代表的电商平台纷纷兴起。

根据商务部的数据统计，2016 年我国网络零售交易额达 5.16 万亿元，同比增长 26.2%。但是，作为电商平台的典型代表，阿里巴巴 2016 年第二季度的交易额同比增长达 24%，其中，天猫交易额同比增长 34%，淘宝仅为 19%。这是否意味着电商行业的发展遇到了天花板？

从总体上说，电商行业的发展仍然呈上升趋势，但其商业模式明显区别于之前的 1.0 时期。移动互联兴起之后，电商行业的发展进入 1.0 时期，能够省略多余的中间环节，但本质上仍然保持原有状态，只是将线下业务转移到网络渠道。举例来说，很多计算机、通信和消费类电子产品以及食品、服装等经营者开始转战网络零售。如今，电商行业的发展进入 2.0 时代，这个时期的电商运营添加了许多社交元素，呈现全新的面貌。

如今，越来越多的用户习惯通过网络社交方式与其他人互动，在这种趋势下，一些社交平台也开始涉足电商业务。例如，用户不仅可以通过微信满足自己的社交需求，还能在该平台发展电子商务；在微信朋友圈中经常会看到好友发布的商品推广信息。

随着电商行业的迅速发展，越来越多的社交平台开始进入电商领域，如用于商品展示的“微博橱窗”。由此可见，电商化成为社交平台的发展方向。

互联网的渗透作用体现在日常生活的方方面面，电商与社交之间的联系也日益紧密，在其推动下，网红经济、微商行业、自媒体等纷纷兴起。电商与社交之间的结合发展会催生商业模式上的创新，但发展情况与消费者对这种新形态的认可程度及依赖性息息相关。

鉴于社交电商呈现出来的蓬勃发展姿态，有业内人士预测，这种经济形态未来可能超越淘宝，在市场上占据主导地位。受此影响，以微商、微店、微博橱窗为代表的社交电商表现形式受到许多消费者及投资者青睐。

2.2.2 深度交互：与顾客建立强信任关系

淘宝作为国内最大的电商平台，其中的商家面临越来越激烈的竞争，流量获取愈发困难。在淘宝发展初期，卖家只要有合适的产品，然后再做一些基础推广，就能获得不错的效益。然而，随着淘宝平台规则的不断升级完善，平台卖家的不断增多，以及整体生态不断向中高端品质发展，淘宝卖家，特别是中小卖家越来越难以生存；即便是实力雄厚的大卖家也面临十分惨烈的竞争，流量获取难度和成本持续攀升。

面对这一困境，越来越多的淘宝卖家开始转型做社交电商，因为后者的最大优势是能够黏住用户，从而为商家后续的粉丝运营奠定坚实基础。在流量获取愈发困难、成本不断增加的情况下，社交电商模式可以帮助卖家有效把握和获得更多成交量。与之相比，淘宝的流量转化率能够达到 5% 就已相当不错，超过 10% 的情况则更是少见。

一方面，相关销售理论指出，如果商家与客户交流的次数超过 7 次，那么销售转化率将可以达到 40%；另一方面，大量销售实践已经表明，初次交流很少能实现转化，大多需要销售人员与客户多次沟通才能促成交易。

因此，流量留存尤为重要。社交电商能够利用微博、微信、QQ 等社交工具更好地黏住用户，与用户进行多频次的持续沟通，从而提高流量转化率。同时，如果商家还能够基于用户特质提供多元个性的产品选择，那么转化的流量将会更多。

在流量获取难度和成本不断增加的情况下，淘宝卖家必须珍惜每一个流量，通过各种方式努力留住每一位进店访客，为后续的长期营销、粉丝运营等奠定基础。

淘宝店铺运营的核心是转化率——**哪个店铺的转化率高、销量大，哪个店铺就能获得平台更多的推荐、更好的排名和更低的直通车费用。**影响转化率的因素有很多，如流量的精准度、价格的针对性、产品销量、好评数量、产品详情页描述的诱惑力等，归结起来就是顾客对卖家的信任度。

社交是建立人与人之间信任关系的必然路径。卖家要通过与顾客的持续深度交互，让顾客认可自身的人格，进而将这种对人的认同转化为对产品的信赖。只要顾客认可卖家、对卖家形成信任，同时产品又是他所需要的，那么即便是零销量的产品顾客也一样会购买。这要求淘宝卖家培育积累自己的粉丝客户群体，并通过有效的社交互动与粉丝建立强信任关系，如此才能更好地完成产品销售，实现长期稳定的流量转化。

以店铺上新为例。淘宝卖家会经常上架新品，而上新时卖家也都有自己的规划，会综合考虑时间、季节等各种因素提前布局，以便实现更多的产品销售，进而提高流量转化率。

产品销量是影响转化率的重要因素，但新品的销量却是零，对此卖家常常通过老款带新款、前期低价冲销量、刷单、促销等各种手段让产品在销量上有一个漂亮的数据。然而，这些措施虽能有效实现销量破零，但多数卖家却并没有相应的资源和能力去实行；即便能够实行，投入的成本也会很高。

不过，如果卖家从最初开店时就通过社交媒体有意识地将所有访客都聚集留存下来，培育积累一批忠诚度高的粉丝用户，那么新品破零便十分简单。因为在淘宝平台，即便是不怎么运营的小店铺，每天的流量至少也会有一二十，运营较好的店铺每天几百上千的流量很常见，而一些知名度高的大店每天的流量甚至能达到几万、十几万、几十万。

因此，如果卖家有意识地将这些流量在社交媒体中聚合起来，那么即便不是每一个进店访客都会加社交账户，所积累的流量也将十分可观。而拥有了一定量的粉丝访客后，卖家便可以更好地完成后续各种运营。

（1）有利于实现产品破零，快速增加新品初始销量，进而吸引更多顾客购买新品，提高产品转化率

这一方法已被很多淘宝大卖家采用，如天猫平台中的一位知名女装卖家，将所有老顾客都加到 QQ 群，然后每次上新时都会针对群里的老顾客开展 5 折限量抢购优惠，从而快速实现新品破零和初始销量的积累。

（2）有利于清理库存

销售旺季结束时，很多卖家由于各种因素的影响而没有实现预期的销售目标，会产生较多亟须处理的库存。不过，对卖家来说，要找到清理库存的资源并不容易，而且即便找到也需要支付较高的广告费用。库存产品本就需要低价处理，如果再支付高昂的广告费用，就会严重影响整体项目的利润水平。

如果卖家拥有大量粉丝，那么在旺季快结束却发现没有达到预期销量时，便可针对老客户逐步进行降价优惠，从而在旺季结束前清空产品，避免出现大量库存。

（3）有利于拓展卖家的营收渠道，如帮助别人做广告获取广告收益等

当卖家的客户粉丝积累到一定规模后，如 1 万人或更多，便可以适度接一些广告来弥补粉丝运营的费用。还可以帮助其他卖家清理存货，一方面可以借此获取一定的广告费用，另一方面也能够让自己的粉丝以低于市场价的优惠获得不错的产品，为粉丝带来更多价值。

2.2.3 粉丝引流：有效积累店铺访客粉丝

既然拥有自身的粉丝客户对卖家大有益处，那么接下来的问题就是卖家该如何获取和积累这些目标客户？自媒体的发展普及推动了社交电商的大规模爆发，这使很多淘宝卖家开始将目光转向站外的一些推广方式和平台。然而，从流量转化角度看，与淘宝站内用户有着明确的购物目标不同，站外用户多以浏览资讯为主，购物需求并不强烈，因此在转化率方面远无法与淘宝相比。

可见，更优质的粉丝资源仍在淘宝站内，那么卖家应如何获取淘宝中的访客粉丝呢？首先要解决的一个问题是淘宝平台禁止使用 QQ、微信等社交媒体。对此，卖家既可以通过微博或淘宝自身的社交工具与客户建立连接；也可以采

取在产品包装中植入微信、QQ 等联系方式，这样买家收到货后便可看到。

对多数淘宝卖家来说，进店访客是最主要的流量来源，这些访客多是通过自然搜索或直通车进入店铺的，也有一些是通过参加淘宝官方或第三方的活动进入的。卖家在培育和积累粉丝用户时，要针对访客的不同特质采取有针对性的举措。

首先，将已在店铺中进行过交易的顾客转化成粉丝相对比较容易，因为顾客的购买行为说明其对卖家较为认可；卖家可采用加微信或 QQ 奖励现金红包的方式吸引顾客与自己建立连接；同时，卖家要做好返现记录。

至于获取交易顾客，卖家可通过参加一些平台促销活动的方式短期内获取大量订单，这也是卖家快速积累粉丝的有效方式；而对于那些每天都有成百上千订单的知名大店来说，粉丝的获取积累就更加容易。

其次，卖家也要高度重视到店访客。淘宝平台数亿规模的流量基数使店铺中每天的访客数量都十分可观。按照 5% 的转化率，店铺一天的成交顾客为 5 个人，那么进店访客就有 100 人。因此，卖家应采取各种手段最大限度地吸引和黏住访客目光。

淘宝店的成交模型是一个漏斗，从访客到旺旺咨询再到最终成交，人数越来越少。由于淘宝平台禁用微信、QQ 等社交工具，卖家无法将这些联系方式放在详情页中，因此要吸引访客关注，首先要诱导访客进行咨询，彼此建立起连接关系。

对此，卖家可采取适当让利或提供顾客所需资源的方式吸引访客咨询和关注。如出售 VR 眼镜的卖家如果能够收集很多 3D 影片或视频资源，就可有效吸引顾客咨询，并让他们主动留下邮箱以获取资源。

当然，大多数卖家并不能为顾客提供专业性的资讯或资源，这时就要通过让利的方式吸引顾客关注，如赠送彩票、充话费抽奖等。卖家可以借助这些活动引导访客进行咨询，然后给顾客一个参加活动的链接页面；这些让利活动需要顾客关注微信号、微博号或者加 QQ、微信，即与卖家建立连接后才能参加。之后，卖家便可通过与顾客的持续深度沟通实现粉丝培育和积累。

2.2.4 流量转化：借助互动活动实现转化

获取粉丝只是开展社交电商的基础，接下来更重要的是如何让粉丝持续产生兴趣，始终将目光放在自己的店铺上，以便更好地开展各种后续营销活动。总体来看，卖家在进行粉丝运营时，要注意两个方面：**一是曝光度，二是互动。**

曝光度即卖家店铺展现在多少顾客眼前，以及在每个顾客面前的曝光频次。店铺曝光的次数越多，越容易让顾客留下深刻印象，并在潜意识中形成一种信任，从而在需要购买相关产品时首先想到的就是你的店铺。

卖家要做好整体规划，基于目标客户群体特质和需求，合理安排每天要发布的动态或文章。例如，很多卖家销售的都是专业性很低的大众化产品，很难围绕产品本身进行持续的内容创作；对此，卖家可以从顾客的其他心理需求切入发布内容，如娱乐或社会热点等。

互动即卖家与顾客进行交流沟通。曝光只是让顾客感受到店铺的存在，而要想让顾客认同店铺、甚至对卖家产生信赖感，就必须借助持续、有深度的社交互动，这有利于提高粉丝顾客的店铺黏性以及参与店铺各种活动的积极性。互动主要以活动的形式进行。

（1）每日签到

即顾客每天进店签到可获取相应积分，积分可用来兑换特定商品或在购物时抵扣一定的现金。

（2）免费试用

即店铺要时常推出一些免费的限量产品作为福利分享给粉丝。

（3）有奖问答

设置一些问题，参与者回答正确可获得相应的实物、优惠券等奖励。需要注意的是卖家设置的问题最好与店铺销售的产品有关，如此，在活跃粉丝的同时也有利于加深顾客对产品的认识。

（4）有奖转发

即通过有吸引力的奖励让顾客帮忙转发资讯，借助顾客的人际关系网大幅提高店铺知名度和影响力，获取更多粉丝。

（5）活动促销

主要针对粉丝顾客，经常为他们提供一些低价高质的产品，让粉丝不断获得更多实惠，从而增强店铺黏性。

总体来看，淘宝卖家做社交电商其实是有很大优势的。淘宝平台对新店铺、新产品有一定的扶持政策，这有利于卖家在初始阶段更好地留住每一个到店访客，进而通过后续运营获得顾客认可，提高流量转化率，实现销售目标。

同时，在“内容为王”的新常态下，淘宝也开始不断探索内容营销的最佳路径，以便更好地将数量众多的用户留在平台。对此，淘宝卖家应借势而为，通过各种方式将进店访客吸引到自己的社交媒体账号，获取与积累粉丝客户。

2.3 营销转型：传统电商企业的社交营销法则

2.3.1 挖掘社群价值，借势话题事件营销

移动电商的运营除了能够拓宽用户的消费渠道外，还能在数据收集及分析的基础上，实现消费者与经营方的直接互动，改革传统销售模式。从企业发展的角度来说，经营者应该在把握移动电商运营规律的基础上，采取措施，建立移动电商运营的竞争壁垒。

通常情况下，移动端是人们满足社交需求的重要工具。近年来，用户时间

趋于分散，相比传统购物，很多用户的购物行为是在没有明确需求下产生的，在此影响下，商业模式也开始不同以往，在整个消费过程中，用户不再处于被动地位，很多购物行为是在用户参与社交互动时产生的。

回 从社群圈子挖掘商业价值

在移动互联网时代下，各类社群和圈子纷纷建立起来，随着应用 O2M（Offline to Mobile，互联网 + 分享经济新模式）的企业逐渐增多，社交工具更加多元化，使社群与圈子的类型更加丰富。

社群与圈子的价值，不仅体现在能够将具有共同特征的用户汇聚到一起，还能方便企业与用户的沟通，满足用户的社交需求。

从企业发展的角度来说，社群与圈子能够为企业的精准营销提供平台支持，不仅如此，还能帮助企业深入了解用户的消费需求，使用户产生购物欲望，并通过与用户的互动引导其行为，促成双方的交易。

概括来说，采用 O2M 模式的企业能够在短时间内分析与处理目标用户的相关信息，依托移动端建立社群与圈子，在运营管理的同时保持与用户的互动关系，利用开展活动、社交互动因素吸引用户参与，在此基础上挖掘用户的商业价值。

回 借势话题事件营销

与 PC 端流量不同的是，移动端流量的获取在很大程度上取决于用户自己的决定。也就是说，在移动互联网时代下，传统的信息推广方式不再适用，所以越来越多的商家开始青睐效果广告。

O2M 时代下，商家要想吸引用户的注意力，应该采取场景化营销手段，获取各类场景的流量，在此基础上吸引目标用户，促使用户做出消费决策。

相比之下，当下热点话题更容易将用户引入相关场景，具体场景中产生的热点话题对用户的吸引力也更强。

O2M 时代下，以电视软广植入为代表的传统推广方式也要注重运用与当下热点话题相关的营销元素，突出其场景化特征，借助人们对话题营销及事件营销的较高接受度，通过增加用户与品牌的联系，最终促成双方的交易。

东方卫视推出的明星跨界时尚真人秀节目《女神的新衣》是实践话题营销的典型代表。该节目推出后，吸引了大批女性用户收看，节目内容也成为用户的话题中心。节目主旨为参与节目的当红女星根据指定主题着手设计服装，并与其他选手竞争，参与节目的买主会竞拍其设计版权，节目分为三大板块：24 小时服装设计及制造、时装走秀表演以及竞拍环节。

在第一季中，四大买主为 ASOBIO、伊芙丽、朗姿和茵曼，这四个品牌都来自天猫商城，他们将竞拍得到的服装投入市场化运营，通过天猫旗舰店、APP 面向市场出售，以"女神同款"吸引消费者下单。

该节目的赞助商"明星衣橱"APP 通过植入式推广，获得众多女性用户的青睐，数据统计显示，到 2015 年，该应用的女性用户占比达 9 成以上。该品牌在营销过程中，先推出节目相关话题，吸引用户关注，为其提供导购服务，并与用户互动，最终完成销售转化。

2.3.2 激活沉淀资源，深入拓展线下流量

在很多传统电商经营者看来，移动互联网仅仅是对传统电商的进一步拓展，为商家提供流量入口，方便用户浏览商品与下单，不同于传统电商的是，移动端的呈现方式更加新颖。这种理解有失偏颇，经营者不仅应该纠正错误的认识，还应懂得采取有效措施，对 PC 互联网的资源沉淀深度利用，进一步提高运营效率。

回 挖掘传统品牌的线上价值

部分企业拥有互联网渠道的运营经验，这为品牌今后的 O2M 模式运营做好

了铺垫。由于品牌能够吸引用户的目光，可以借助移动端社交平台进行大范围的信息扩散，品牌推出热门活动时，就能在短时间内实现流量的大幅增加，并建立良好的形象，促进口碑效应的发挥，达到理想的营销效果。

快时尚品牌 ASOS 于 2000 年创立，总部设在英国伦敦的潮流圣地 Camden Town，该品牌在发展早期通过网络平台销售明星相似款式的服饰，并取得快速发展，在成立当年就进入盈利阶段，现如今，其规模在英国所有时尚电商网站中居首位。

2013 年，ASOS 进军中国市场，尽管该品牌在移动端的成本支出并不高，但在我国市场上，ASOS 来自移动端的流量占总体的比例接近 6 成，比欧洲市场超出一倍多。该品牌取得线上运营效果，与其自身的影响力息息相关（意即在品牌营销过程中，企业利用品牌本身的知名度及影响力能够聚集一批用户，可以利用移动端用户进行信息推广，使更多目标用户接收品牌信息，提高营销针对性）。

与传统营销模式不同的是，这类品牌在发挥品牌效应的同时，还通过移动传播方式进行推广。举例来说，ASOS 在 2014 年 9 月联合英国航空、Costa Coffee，共同推出专属体验活动“下一站，伦敦”，并通过微信平台进行扩散，借助移动端在信息推广方面的优势，ASOS 的品牌知名度在短时间内扩散开来。

ASOS 的成功发展可为其他品牌提供借鉴，具体而言，企业应该注重建立自身品牌，而那些具有一定影响力的电商品牌，则需进军移动端及线下，扩大渠道范围，提高发展持续性。

回 线上会员价值的深入挖掘

随着互联网的发展，越来越多的互联网平台开始采用会员制度，通过流量导入、社交互动功能的提供，不少平台沉淀了一批会员用户。移动电商应该采取怎样的措施，开发线上会员资源呢？在这里总结为以下 3 个环节：

第一，在不同渠道实现会员用户的信息共享，为移动端的会员管理及运营提供支持；

第二，为会员用户提供精细服务，满足其个性化需求，通过与会员互动刺激其消费，并进一步提高品牌影响力；

第三，企业在把握会员用户需求的基础上，持续改进服务体系，同时，把线上与线下的服务融为一体，提高会员对品牌的认可度，促进双方达成交易。

知名品牌星巴克（Starbucks）在依托网络平台开展运营时，将会员管理及维护作为重要一环，在线上进行社区管理，并向用户提供会员服务。相比一些不注重会员积累的品牌，星巴克的会员用户对其品牌的依赖性较强。

星巴克于2012年推出手机APP并在后续发展过程中不断升级，到2014年，会员用户已经能够使用手机通过简便操作完成支付，APP则以会员消费为基准赠送积分优惠。另外，用户能够在APP查看自己的账户信息，并可搜索店铺位置，而且，星巴克能够为用户提供配送服务，满足会员用户的多方面需求。星巴克2016年第二季度的业绩报告显示，该品牌第二季度的移动交易支付额占总体的24%。

回 深入拓展线下流量

有些企业的运营侧重于线下渠道，这类企业在实施O2M模式的过程中，应该通过实体渠道获得流量支持，为此，企业需要在运营中获取更多流量。具体措施如图2-7所示。

（1）通过体验服务进行用户转化

O2M模式强调要满足用户的个性化购物需求，并与其开展深度沟通，除了在线上做到这一点，也不能忽视线下运营。企业要提高线下资源的利用率，在运营中进行转型与升级，为用户提供优质的体验服务，并注重与具体场景的结合，通过聚焦用户的目光，使其在体验过自身产品及服务后对品牌产生认可，从而做出消费决策，并将其推荐给其他用户。

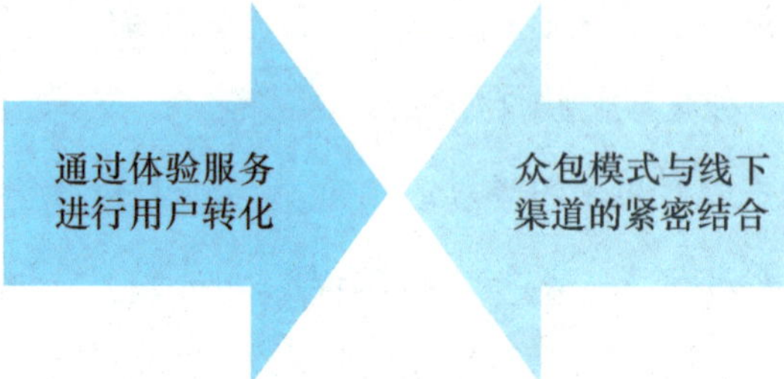

图 2-7　拓展线下流量的主要措施

企业可通过聚焦用户精力、省略冗余环节促进流量变现，与此同时，还能通过向用户提供体验服务来提高品牌影响力，吸引更多用户关注，提高用户黏度，从整体上推动企业的发展。

（2）众包模式与线下渠道的紧密结合

很多业内人士认为，相比线下，网络渠道更适合于流量获取，若能够在线下运营过程中采用众包模式，则能够有效帮助企业拓展流量，接下来，通过发挥优势资源的力量，在利益的驱动作用下将分散的流量集中到同一个平台上，降低乃至消除线下渠道在流量获取方面的限制，为移动端的运营提供资源支持。

2.3.3　借助社交媒体，实施交互营销策略

现阶段的营销市场受制造商驱动，以产品为主导。在制造商主导下，传播流属于静态、硬性传播。在分销商占据主导地位的市场中，很大一部分营销传播信息被截流，未能与消费者形成良好的互动。

在交互市场中，消费者、分销商和制造商三者之间形成了交互式的互动关系，在这种形势下，围绕消费者开展的信息收发与渠道、终端和媒体形成了良好的互动之势，从而形成了交互式营销的新态势。

在单一的传统营销环境下，营销主体主动进攻，消费者被动接受，二者之

间处于零交流状态。**而交互营销倡导营销主体借助新型营销工具与消费者交流、互动，了解消费者的物质需求与精神需求，满足消费者对无形产品的需求，使其产生心灵上的满足感**。这是一种全新的营销模式，是交互式营销的基础，能对创新性产品、互联网产品、娱乐化产品产生巨大的影响。

从这个角度看，交互式营销不只是单纯的传播，还是品牌传播、销售渠道、市场活动的结合体，实现了产品传播与产品销售的相互交融，引导消费者从对产品产生兴趣转向互动体验，并主动进行口碑传播，让消费者与产品实现完全互动，形成一体化关系。

交互营销的关键点在于破除传统营销传播那种告知式的信息传播模式，借助文娱资讯创造一种互动体验式的信息传播方式，引导消费者参与其中，使信息接收与反馈同步进行，打造一种双向沟通模式，将消费者打造为二次传播源，进而改变消费者的行为。简单来说，交互营销就是一种能让品牌深入消费者的传播模式。

传统的 4P 理论——产品、价格、促销、渠道使营销得以简化，降低了记忆与传播的难度。这一理论的提出表示相关研究者已经开始将一些营销要素综合起来对现代营销进行研究了。

从 20 世纪 50 年代到 70 年代，从产品时代的独特卖点与核心价值主张到产品形象论，再到定位理论，这些理论都是一些重要的营销思想，产生于不同的市场竞争阶段。发展到现在，假如某家企业的产品仍具有某理论产生时的那种阶段特征，这一理论仍然适用。在企业经过上述几个阶段步入当下竞争阶段时，企业所面临的竞争环境发生了较大的改变，在这种全新的竞争环境下，交互式营销成了一种新的发展趋势。

总而言之，**交互营销是一种为破除旧观念、旧意识、旧思想、旧思维方式而发起的革命，是产品竞争、品牌竞争发展到一定阶段的产物，是一种非常高级的竞争形态**。作为一种全新的商业模式，交互营销能为企业打造品牌提供诸多便利，做出巨大贡献。

在传统的营销传播模式下，信息以非常简单的方式在消费者与企业之间传递，仅依赖大众媒体，企业无法与消费者对话、沟通。以大众媒体为基础开展的营销传播有先天不足，如单向度、强制性、传播与营销分离等。

单向度。企业单纯借助大众媒体传播信息，忽略了营销传播需要企业与产品、品牌与顾客进行互动的事实，没有意识到单纯的传播信息根本不能引发顾客共鸣，无法起到信息传播的作用。

强制性。大众媒体以公司利益为出发点，设计需要传播的信息，其中与消费者有关的各种利益点都是一种强销说辞，其目的是引导消费者接受、购买产品。

传播与营销分离。在营销传播的过程中，信息的传播者与接收者不能直接接触，信息传播只能以大众媒体为媒介，产品营销与信息传播相分离，信息传播只是一种产品促销手段。

依赖于大众媒体的传统营销传播模式在传递信息的过程中，既将大众媒体的营销传播能力凸显出来，还将其在新营销环境中难以完成传播目标的缺陷暴露出来。在新营销环境中，传统营销沟通方式的边际效用正在逐渐减弱，最能证明该现象的一个证据就是在新市场、信息环境下，与大众传媒密不可分的传统营销传播方式的功能受到了极大的挑战，表现出了强烈的不适应性，并且，这种挑战极具普遍性。

正因如此，大众传媒的营销传播效果受到了质疑，交互营销的概念与方法被提出。为了证明交互营销的作用，我们采取反向论证方式。在当下的市场环境中，大众传播表现出来的传播局限和所面临的传播困境正是交互营销的作用。

（1）延伸限度局限

在营销传播的过程中，大众传播在延伸限度方面受到了严重制约。具体来讲，大众传媒的延伸限度指的就是大众传媒在将信息从信源方传递到接收方的过程中，受广泛性、特殊性、大众化特性的影响，某些特别受众无法获取媒介信息。

（2）稳定程度局限

在营销传播的过程中，大众传播在稳定程度方面受到了严重的制约。具体来讲，稳定程度指的是受普遍性的影响，大众媒体在营销传播的过程中很难与企业或品牌的目标顾客、利益相关者保持紧密联系，构建稳定关系。

（3）完整性局限

在营销传播的过程中，大众媒体的完整性很难得到保证。完整性指的是大众媒体将信息准确、完整地传达给接收者，但是关于这一点，大众媒体很难做到。其原因在于，受信息资源的限制，在信源方向，大众媒体只能选择性地对信息进行编码，接收方按需对信息进行接收，使信息在传播的过程中受到双重损坏，完整性难以得到保证。

（4）信息可靠性局限

在营销传播过程中，大众传媒的信息可靠性难以得到保证。在营销传播的过程中，信息接收者不仅能接收媒体信息，还能接收非媒体信息。一般来说，大众媒体所传播的信息都经过信源方精心设计，虽然概括性很好，但可信度非常低；而那些被接收者获取的非媒体信息则不受信源方控制，可信度更高。在这种情况下，企业亟须解决一个问题：如何全面把控对接收者产生决策影响的信息，重点是对非媒体信息的把控？

现阶段，在营销传播领域，仅凭大众媒体开展营销传播难以获得良好营销效果，所以，企业或品牌要想保证营销传播效果，必须站在客户与其他利益主体的角度全面分析各种传播接触，并以此为基础进行接触点管理，形成交互营销，取得交互式效果。

第3章

引爆粉丝：

粉丝经济下的社会化营销实战

3.1 精准定位：深挖社交关系链，实现无缝对接

3.1.1 圈层经济：社交电商成败的 3 种关系

一方面，移动互联网时代，传统电子商务市场增速趋缓，且仍然受困于同质化和价格战难题；另一方面，快速发展普及的各类社交应用也始终没能构建出明确的盈利模式。由此，两者结合形成的社交化电商应运而生，其中以微商最为典型。不过，以微商为代表的社交电商在蓬勃发展的同时，却面临着缺乏电商生态、流量监控及管理缺位等痛点。

移动电商主要包括 4 种形态：微商、社交电商、社群电商和跨境电商。每种移动电商模式都有着千万元级甚至百亿元级规模的潜在市场。就社交电商而言，虽然其备受关注和追捧，但真正成功的却很少。不论是从社交嫁接到电商，还是从电商嫁接到社交，都没有展现出预期的成效。甚至一些成长于 PC 时代的电商平台所植入的社交化元素在实际交易闭环中并没有什么价值。

微信刚推出微店功能时，社交电商模式就曾引起各方热议，有人甚至认为

社交电商将颠覆淘宝、危害第三方。然而，随着京东和腾讯达成战略合作，微店本身逐渐暴露出各种问题，火爆一时的微店也逐渐淡出大众视野。

社交电商到底是一时流行的时髦概念还是移动互联网时代电商发展的必然趋势，当前尚没有一个明确的定论。不过，从人际关系的角度划分，未来社交电商将主要呈现为 3 种形态，如图 3-1 所示。

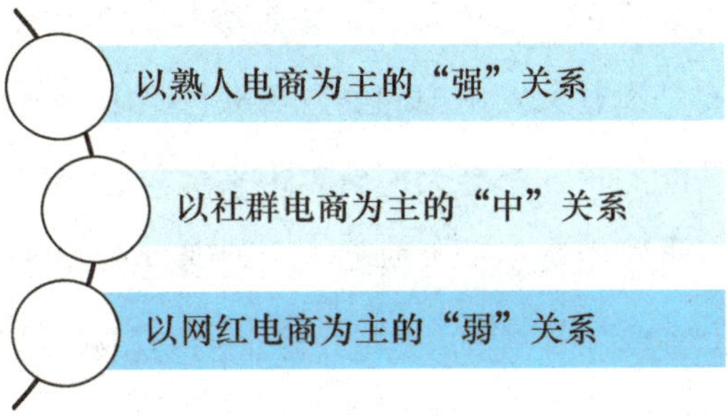

图 3-1 未来社交电商的 3 种形态

回 以熟人电商为主的“强”关系

与以往“生意”主要在陌生人之间进行不同，熟人电商是基于人际关系网络开展商业交易，是一种“杀熟”行为。从传统商业伦理角度看，这种“杀熟”行为显然是不道德的；然而，以互联网为基础的社交电商是一种去中心化的商业形态，信息和商业规则的高度开放透明使依靠信息不对称获取收益的行为已难以实现。

相反，随着人们个性化、差异化、多元化消费需求的不断增加，越来越多的消费者开始通过熟人之间的分享推荐进行消费选择和决策，且相对于搜索结果，人们也更加相信熟人的口碑推荐。

从深层来看，熟人电商模式是一种信任经济。熟人关系提供了一种强力的信任背书，使消费者的关注点更多地放在了产品品质和性价比上，而人们也十分乐意接受亲戚朋友推荐的产品。同时，这种由熟人社交关系衍生出的社交电商形态有着很强的用户黏性，是未来社交电商一种不错的发展形势。

回 以社群电商为主的“中”关系

当拥有一定影响力的自媒体人或手艺人走上商业化之路时，社群电商成为最常用的变现方式。借助社群电商，分散在不同地域、有着共同兴趣爱好或需求的消费者被快速聚集组织起来，通过持续的社交互动形成具有共同价值理念的社群，每个成员都能在社群中获得一种认同感和归属感。

社群电商可分为以产品为核心的社群电商和以人为核心的社群电商两种。前者如iPhone，主要是通过激发用户的好奇与期待实现商业变现，每一款新品的发布或者一个新功能的植入都会为消费者带来惊喜和价值，从而使用户有着强烈的体验欲望。后者以罗辑思维为典型，主要通过自媒体人或手艺人本身的人格魅力或传递的价值理念吸引用户追随，进而借助多种手段（会员制、广告、电商等）实现商业盈利。

不论哪种社群电商，本质上都属于中层关系，是基于粉丝的疯狂热爱而产生的一种不追求性价比的非理性消费。简单来说，**在社群电商模式中，粉丝愿意掏钱并不一定是因为产品质量和性价比有多高，而是出于对产品或人的情感认同，即更多的是一种“情怀”消费。**

回 以网红电商为主的“弱”关系

网红即网络红人，他们常常是微博大V、意见领袖或垂直领域的专业达人。网红主要是利用自身在特定领域的影响力进行变现，在很多时候都起着潮流和舆论风向标的功能。面对电商平台中的海量商品，消费者常常会出现选品困难，这时网红便可利用自己的专业能力帮助消费者快速找到最适宜的商品，同时也在此过程中获取商业价值。

从电商角度来看，每个网红其实都是一个流量入口。在流量获取难度增加的情况下，越来越多的电商平台开始通过整合网红资源拓展流量渠道。不过，网红的流量入口价值，如转化率、曝光量等其实是难以量化的；同时，网红与粉丝间的连接也比较脆弱，多数网红对粉丝的来源和兴趣偏好并不清楚，而粉丝取消对网红的关注也毫无门槛。

可见，虽然网红们能够借助粉丝效应快速引爆某个单品，但与粉丝的弱连接关系决定了其只适合做一些“非标品”“限时限量”“闪购”之类的产品，否则一旦产品周期太长就很容易让人失去新鲜感，进而导致粉丝期待值的下降。

场景是以人为中心的，人在哪里，场景就会搭建到哪里。因此，当越来越多的用户习惯使用微博、QQ、微信等社交媒体时，相应的社交化消费场景的出现也就成为必然。面对数以亿计的数据信息，**社交应用变现的最大瓶颈是如何高效精准地向每个用户推送他们感兴趣的广告、产品或服务。**随着人们的消费越来越呈现出随机性、碎片化的特点，社交电商必须精准刻画用户画像，然后以此为基础进行场景的搭建、连接和拓展。

例如，在微信这个封闭生态中，单纯依靠流量的电商平台将慢慢丧失固有优势，取而代之的是以关系为主、能为用户打造体验性社交化场景的社交电商形态。

3.1.2 用户定位：搭建商家与用户的关系链

社交是人社会性本质的呈现，是人与人之间的某种连接关系；当这种连接关系被嵌入互联网商业元素时，便成为社交电商。因此，可以将社交电商定义为基于社交关系圈子的一种商业交易或推荐行为。这种社交圈子既可以是较为封闭的朋友圈，也可以是比较开放的人际关系圈子。

社交电商的运作逻辑是通过朋友或已经体验过相应产品的消费者的推荐或建议，为人们的消费选择和决策提供参考，最终目的是提高产品转化率，为商家带来更多商业效益。

社交电商的功能表现包括分享、关注、评论、喜欢、赞、转发、收藏等，即体验过产品或服务的用户通过多种行为将自己的感受告诉朋友，为他们的消费决策提供参考。从这个角度看，社交电商的本质是分享，用户通过分享对某个人或物的喜爱，形成一个相应的社交圈子，并不断吸引具有同质性兴趣爱好的人参与进来。因此，社交电商首先要建立用户与用户的连接，形成用户间的关系链，然后再以此为基础实现商家与用户的连接。

社交电商用户群体的核心特质是社交，即用户通过在社交平台中分享个人心得、身边美食、日常心情、商品货物等聚合组织起来，进而在社交互动的基础上逐渐形成电商的关系、导购的关系。

总体来看，我国社交电商的用户群体以女性为主，因为从心理层面看女性消费者有着更多的社交电商诉求：

第一，出于炫耀和攀比心理，女性消费者购物后更乐于在网上晒和分享；

第二，女性消费者更喜欢与朋友或闺蜜一起逛街购物，希望获得别人的建议和肯定；

第三，女性对时尚潮流内容更具敏感性，在这方面的消费比例也高于男性。

微信在支付领域的持续深度布局无疑表明了其电商化的战略意图。而凭借自身数亿规模的用户群体，一旦微信成功搭建出社交电商模式，必然会成为以淘宝为代表的传统电商形态的最大挑战者和颠覆者。

按照不同的分类标准，圈子可分为横向与纵向。从横向看，以人或者以社交为主线，可分为熟人圈和生人圈。其中，熟人圈是指微信朋友圈、人人网之类的社交应用中多是熟人或与自己有关联的人。因此，横向分类的本质其实是从强关系到弱关系的划分。

从纵向看，以商品或者以电商为主线，如服装圈、包包圈等。当然，这些圈子还可进一步细分，如服装圈按照服饰的不同风格或品类又可分为更细致的圈子。

此外，还有一种圈子是围绕某个核心人物形成的，如明星的粉丝圈，圈中的粉丝对与该明星有关的一切事物都感兴趣。

蘑菇街、美丽说等垂直电商有着十分明确的用户定位——时尚女性群体，因此平台产品也多以女装、化妆品等女性用品为主。与此不同，微信平台想要构建的是以社交关系为依托的电商生态系统，其目标用户群体十分复杂多元，覆盖了男女老幼和各类职业的人群，因此售卖的产品品类也会十分丰富多样。

就微信电商来看，如果社交电商模式能探索出有效的发展路径，那么凭借微信平台 8 亿规模的用户群体，其未尝不会成为移动互联网时代的淘宝或者 O2O 领域的领航者。

社交电商并非是传统电商的颠覆重构，而是一次变革升级，是移动互联网和消费升级背景下电子商务发展的必然趋势，契合了新常态下消费的碎片化、移动化、场景化特质。当然，不论电商形态如何变化，最终的落脚点仍然是用户，仍需要充分满足用户需求，为用户创造更好的消费体验。

3.1.3 社会化营销：自媒体时代的营销形态

我国电子商务经过十几年的积累沉淀，展现出了巨大的发展活力和价值想象空间。然而，随着互联网商业中“赢家通吃”效应越来越显著，商家特别是众多中小型企业的压力不断增大。

电子商务领域比拼的是流量，进驻大平台意味着获得了规模庞大的潜在用户，但对中小商家而言，进驻大平台的门槛越来越高，而且即便成功进入，也将面临越发惨烈的营销推广竞争，再加上掌控流量入口的大平台的压榨，企业的利润空间不断缩小。

这一现象虽不能说明电子商务已走到尽头，但在流量获取难度和成本不断提高的情况下，如何摆脱大平台的制约和渠道束缚，探索新的电商形态，已成为国内电子商务未来发展的重要方向。

互联网的迅猛发展普及推动了电子商务的蓬勃兴起；同样，微博、微信、百度轻应用、APP 等移动互联网产品的爆发式成长，也为电子商务提供了一种新的发展思路和方向——基于整合营销的社交电商模式。

社交电商借助微博、微信等社会化媒体平台，通过 UGC、社交互动等方式推动商品更快更广地传播，提高流量转化率，使商家销售更多产品、获取更多收益。显然，社交电商是以社会化营销为依托，用户在此过程中不再是单纯的被动接受者，而是主动参与到产品信息的制造和传播中；通过社会化媒介平台，用户可以与商家进行实时交互沟通，获取更多信息，并将自己的购物体验发布到社会化媒体上分享给更多朋友。

在“人人都是自媒体”的社会化营销时代，社交电商已成为电子商务发展的必然趋势，其优势包括以下几点，如图 3-2 所示。

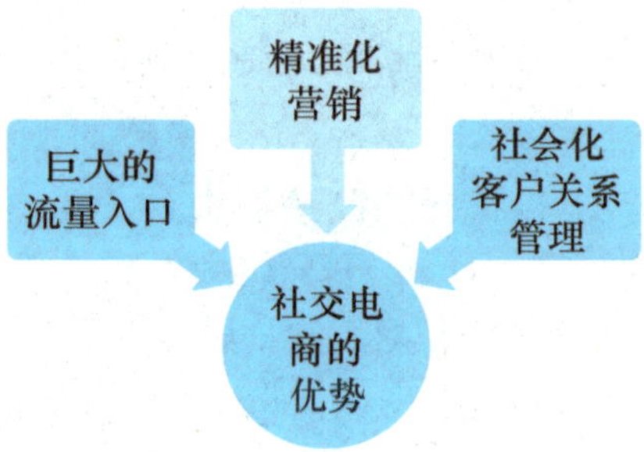

图 3-2 社交电商的优势

回 巨大的流量入口

在以用户为中心的互联网商业时代，流量意味着用户的关注和潜在的销售量。然而，随着电商市场竞争愈发激烈以及流量红利逐渐消失，以往那种只要做广告就能有大量客户的情况已不复存在，流量获取的难度和成本不断增加。

因此，对商家特别是众多中小商家来说，要摆脱传统电子商务模式中大平台的流量制约，就必须开拓出新的流量获取与转化路径。而快速发展普及的微博、微信等各种自媒体平台逐渐成为主要的互联网流量入口，这为商家冲破大平台束缚提供了可能。

回 精准化营销

通过在社会化媒体中与消费者的持续深度交互，商家可以快速找到目标用户群体并准确了解目标客户的行为特质和消费偏好，更有针对性地进行商品推送，实现精准化营销、精细化运营。同时，用户参与到内容制作和传播过程也有利于商家获取更多的营销机会，扩大营销效果。

回 社会化客户关系管理

与传统企业与客户之间一对一的交互关系不同，社交电商形态中，客户与客户、客户与企业、企业与企业之间有了更复杂的交互关系，因此也对企业或品牌的客户关系管理提出了更高要求。社交电商模式中的客户不再是单纯、被动的接受者，而是主动参与产品过程中，也有着更多元化、个性化的诉求。因此，企业要树立以用户为中心的思维，认真倾听客户、与客户进行深入沟通，及时了解他们的想法。

社会化客户关系管理（Social CRM）主要包括两个方面，即社会化的媒体营销和社会化的企业协作。可以预见，随着更多社会化媒体的不断涌现和成熟，未来客户与客户、企业与客户以及企业内部员工之间的关系都将呈现更鲜明的社交化特质，并借助社会化媒介平台实现便捷高效的交互沟通和多渠道的无缝协作。

社交电商不是对电子商务的颠覆和变革，而是电子商务自身的发展演进，是一种更加适应移动互联网社会化营销时代的电商形态。

3.2 粉丝营销：社会化媒体时代的品牌传播法则

3.2.1 品牌符号：获得消费者的情感认同

小米手机最近几年呈现蓬勃发展姿态，该品牌之所以能够取得令人钦羡的业绩，与其对粉丝营销策略的熟练应用是分不开的。如果品牌能够采用粉丝营销模式，就能利用粉丝群体对自身产品的高度追捧及其对明星产品的情感依赖来实现粉丝转化。

小米在营销过程中借助自媒体的信息传播优势，打造爆款产品，与粉丝保持高效互动，灵活采用营销方式调动粉丝的参与度，并形成口碑效应，有效带动了产品销售，进而推动了整体的发展。

随着互联网的高速发展及普遍应用，微博、微信等社交平台快速崛起，为商家的信息推广拓宽了渠道，信息发布之后，更多目标受众及品牌积累的长期用户都能接收到信息内容，企业也开始认识到粉丝营销的价值。

在这种情况下，品牌及商家纷纷加入粉丝用户争夺战中，企图增加自己的粉丝规模，从而发挥粉丝的信息扩散作用，实现品牌知名度及影响力的提高。但是在互联网时代下，企业在实施粉丝营销时应该注意，无论是整体营销环境，还是营销中包含的各个元素，如目标受众、营销方式等都已不同于传统时代。

企业要想采用粉丝营销策略进行产品销售与品牌推广，就要增加粉丝对自身产品及品牌的认可度，利用粉丝的文化符号认同及情感认同进行消费转化。品牌作为一种符号，包含特定的文化意义，粉丝用户消费的就是品牌的意义，这也是他们购买该产品的目的。另外，粉丝用户会对品牌产生情感认同，其消费决策也受到消费者主观情感因素的影响。

回 文化符号认同

当用户将品牌视为具有特定意义的象征符号时，他们就会热衷于选择这个品牌，成为该品牌的忠实粉丝用户。**粉丝将品牌背后的价值理念视为自己的追求，将购买该品牌的产品作为实现自我价值的一种方式，通过支持该品牌来标榜自己的生活态度与价值观。**

在互联网尚未普及应用时，用户无法通过多元化的渠道接触品牌，从消费者的角度分析，品牌不过是具体的产品，能够为其日常生活带来便利，当消费者对产品质量满意时，就会对品牌产生认同感。在互联网时代下，各类社交平台的崛起增强了品牌与消费者之间的联系。

企业为推广品牌会开展一系列活动，具体形式如微博宣传、新品发布活动、广告营销等，从消费者的立场分析，品牌除了代表具体的产品及功能之外，还是其理想生活状态的象征，包含特定的价值观念，当这种价值追求与消费者的精神需求相符时，消费者便会对品牌产生认同感，成为该品牌的粉丝用户。

举例来说，在粉丝用户看来，苹果代表的是简约创新，锤子象征消费者对国货的支持。当企业通过多元化的推广方式传播产品及品牌信息时，接收到该信息的粉丝会进一步增强自己的认同感；社交平台能够将认可同一品牌的粉丝聚集起来，最终以社群形式呈现出来，方便企业与粉丝展开互动。

例如，苹果的粉丝用户群体称为“果粉”，锤子的粉丝用户群体称为“锤粉”，小米的粉丝用户群体称为“米粉”，等等。围绕同一品牌，这些粉丝用户拥有共同的价值观，在社群中能够找到归属感，如此一来，粉丝对品牌的依赖性也会进一步提高。

回 情感认同

情感认同也是品牌获取粉丝的关键因素，这种认同感具有如下 3 个方面的特征。

（1）粉丝的情感释放方式较为极端

粉丝用户对自己崇拜或喜欢的对象怀有十分强烈的情感，并通过极端的方式表现出来。像明星粉丝一样，在品牌举办活动时，粉丝用户也会表现得十分急切。例如，苹果公司在举办新品发布会时，“果粉”都会满怀期待地等待发布会现场，通过欢呼、尖叫表达自己对品牌的支持。

（2）情感认同会驱使粉丝为偶像或品牌付出

出于对品牌的认可，粉丝用户愿意付出自己的时间及精力来支持品牌发展。以小米手机为例，其粉丝用户为提高产品的功能体验，会利用自己掌握的技能为手机开发应用软件、推出专属铃声，还会为产品推广制定策划方案，帮助改善系统漏洞等。

（3）情感认同会使粉丝维护偶像或品牌的声誉

粉丝对自己认可的品牌怀有炽热的情感，无法接受有违品牌形象树立的意见。举例来说，锤子于 2014 年正式推出手机产品，有评论者认为锤子手机存在问题，粉丝便纷纷发表反对意见，通过微博平台表示自己对该产品的支持，一时间成为微博的热点话题。粉丝用户在认可同一品牌的基础上，会与其他粉丝进行互动，形成具有共同价值观的社群，并自发组织社群活动。

当用户对品牌产生文化符号认同及情感认同时，就能转变为品牌的粉丝。企业应该将这一点应用到营销过程中，通过激发消费者的认同感来获取粉丝、提高粉丝黏度，并对粉丝群体进行管理。另外，企业可以通过推广品牌理念使其作用于用户的价值追求及生活方式，巩固粉丝用户的认同感。

3.2.2 营销裂变：社会化粉丝营销的优势

在传统模式下，企业主要采用“4Ps 营销理论（Product，Price，Place，Promotion，strategy；产品，价格，渠道，促销，策略）”进行产品及品牌推广，运营者将产品、价格、渠道、促销作为企业营销的发力点。为保证此类营销方式的顺利开展，企业需提供足够的资源支持，但很多小型公司的实力达不到这个水平。

在互联网时代下，各类社交平台纷纷崛起，消费者能够通过各种各样的渠道获取品牌及产品的相关信息。用户在选购产品时，除了企业的营销之外，也会考虑其他消费者的反馈意见、品牌的总体形象等相关因素，若企业仍固守传统营销策略，很难打动用户。相比之下，粉丝营销策略能够充分发挥社交平台的传播作用，更好地对接粉丝群体的消费需求，能够有效提高企业的营销效益。粉丝营销的优势主要体现在以下几个方面，如图 3-3 所示。

回 提高营销针对性

粉丝营销能够充分发挥社交平台的优势，对用户的相关数据进行收集与分析，据此实施有针对性的营销。社交网站利用大数据技术，能够对用户的个人兴趣、价值理念、消费特征、行为习惯等进行挖掘，并将消费者需求发送给营销方，为企业的营销推广提供指导，使其提高营销针对性。

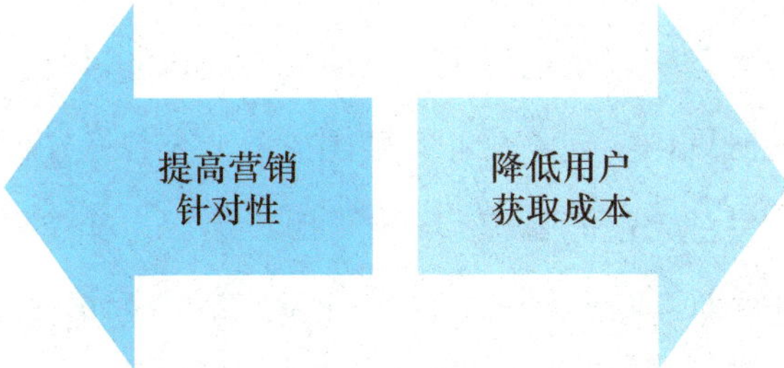

图 3-3　粉丝营销的两大优势

以郭敬明执导的《小时代》系列电影为例，为迎合粉丝需求，该电影在开拍前的筹备阶段就借助于社交网络对粉丝需求及关注点进行深度挖掘，使电影制作团队对粉丝的设想、个人偏好等有所把握，为演员、镜头表现方式的选择提供参考。该作品由当红偶像主演，人物特写镜头占比较大，角色服装品牌也考虑到了粉丝的期待。最终，《小时代》系列电影票房超过 20 亿元人民币，体现出该片制作团队对粉丝营销策略的熟练应用。

传统营销主要借助实体广告、电视广告传播信息，其信息触达范围有限，电视广告的播出时间也非常短；相比之下，粉丝营销借助社交平台能够在任何时间及地点向用户传达商品及品牌信息。另外，传统营销无法有针对性地进行信息传播，所有用户接收到的信息都一样；相比之下，粉丝营销能够借助社交平台面向用户实施个性化信息推送，根据用户的兴趣及其需求灵活采用营销方式，从而提高营销效率。

回 降低用户获取成本

成立于 2012 年的坚果品牌“三只松鼠”，在早期发展阶段缺乏品牌影响力，但运营方在明确品牌定位的基础上，借助网络平台的优势使“三只松鼠”活泼可爱的形象迅速传播开来，并积累了众多粉丝用户，这批用户自发参与到品牌推广过程中，扩大了品牌信息的覆盖范围，为“三只松鼠”的发展起到了重要的推动作用。2016 年“双 11”期间，“三只松鼠”仅用 28 分钟就冲破亿元销售大关。

企业在实施粉丝营销策略过程中，应促使粉丝自发进行品牌推广，利用粉丝传播的优势在短时间内实现信息的大范围扩散，充分发挥粉丝群体的推广作用，吸引更多用户关注自己的品牌。与此同时，活跃在社交平台上的意见领袖也能凭借其个人影响力聚集大批粉丝用户，引起品牌方的重视。

品牌通过对目标用户具有强大影响力的意见领袖发布定制化信息，最大限度地覆盖目标受众，比起传统营销策略能够更高效、更准确地实现传播目的，获得用户资源。并且，随着移动互联网的发展，社会化网络逐渐融入人们的现实生活，消费者通过微信、微博、贴吧等社交网络媒体不仅能够获取自己所需的信息，还能创造信息。

在移动互联网时代下，消费者在通过各类社交平台接收信息的同时，也能独立生产并传播信息，企业在实施粉丝营销策略的过程中，应该跟随时代发展的脚步，促使用户自发传播对品牌有利的信息，提高消费者在品牌营销环节的参与度，加强品牌与消费者之间的联系，从而达到企业的营销目的。

3.2.3 粉丝效应：社会化营销的四大属性

社会化营销有四大属性，如图 3-4 所示。

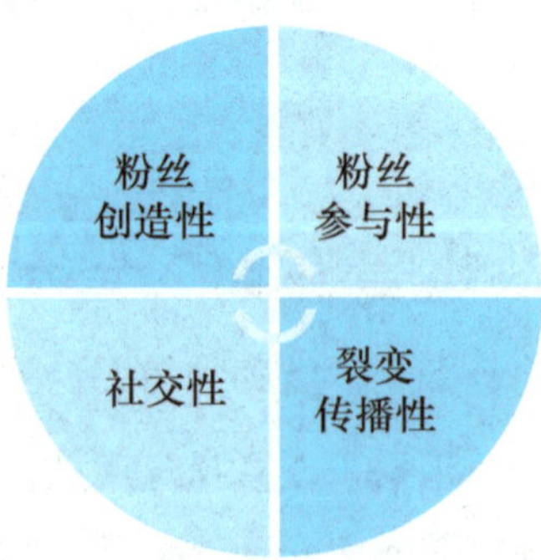

图 3-4 社会化营销的四大属性

回 粉丝创造性

在社交平台尚未崛起的传统时代下，信息生产传播与信息接收之间并没有交集。在整个信息传播过程中，粉丝用户处于完全被动的地位，企业传播什么，粉丝就只能接收什么，也就是说，粉丝了解到的品牌信息都来自企业的营销推广。

如今，社交平台的兴起改变了传统的信息传播局面，粉丝用户不仅能接收到企业发布的信息，还能独立生产信息。换句话说，在社交平台崛起的今天，内容生产者与内容消费者之间的界限已经不再清晰，两者逐渐趋于融合。

可以肯定的是，如今活跃在网络社交平台上的粉丝用户不仅是内容消费者，也是内容生产者，他们能够深度参与到企业的营销推广过程中，有时还会独立进行内容生产。举例来说，影视粉丝会续写剧本并发布到网络平台，网络小说家也能通过内容输出获得大批粉丝读者；在品牌营销方面，粉丝用户可以充分发挥自己的创意，参与 LOGO 设计、营销方案制定环节。

回 粉丝参与性

以微博、微信为代表的社交平台未诞生时，粉丝除了接收品牌发布的信息之外，无法通过有效渠道参与到品牌推广过程，参与积极性严重受挫。

近年来，社交网络呈现迅猛发展态势，社交平台大大提高了粉丝在信息传播中的地位，为粉丝参与品牌推广提供了便捷有效的渠道。社交网络提高了信息开放程度，使粉丝能够随时随地查询、发布信息，有效调动了粉丝参与品牌推广的积极性。

与此同时，在社交平台快速崛起的今天，互联网呈现出明显的社交属性。随着网络技术的不断提高及网民的持续增加，用户之间的互动不再受背景、职业、收入等方面因素的限制，粉丝之间也没有明显的等级划分，品牌便能在此基础上拓宽粉丝范围，扩大信息覆盖面。

另外，粉丝用户能在多元化的社交平台上发表意见，分享产品体验，进行信息反馈等，不仅能第一时间接收到品牌发布的信息，还能积极主动地参与到营销互动过程中，为品牌推广贡献自己的力量。

回 裂变传播性

社交平台的崛起，不仅提高了互联网的开放程度，带动了用户参与的积极性，还颠覆了传统的信息传播结构。如今，所有用户都能在社交平台上发布信息，作为信息生产者与传播者在整个信息流通过程中担任重要角色。不仅如此，企业与用户之间的信息传递也从传统模式下的单向流通变为双向互动，多个信息传播节点连接成网状结构，裂变式传播逐渐取代传统的单轨链式传播。

除此之外，传统的信息传播方式也受到社交平台快速发展的影响而出现改变。

在方便用户传递信息、沟通互动的同时，社交平台还为粉丝用户的汇集提供了支持。具体而言，粉丝用户借助于微信、微博的信息传播，能够找到与自身兴趣相似的其他人，形成网络社群，并发挥群体力量作用于整体的舆论导向。

举例来说，优秀国产 3D 动画电影《西游记之大圣归来》于 2015 年 7 月 10 日上映后并未受到太大关注，但经过粉丝用户在社交平台的信息扩散，这部影片的观影人数大大增加，各大影院的排片率也明显提高，据数据统计，该片以 9.56 亿票房收官，超过同年其他国产动画电影。由此可见，粉丝用户发起的裂变传播能够聚焦大众的目光，助力信息传播。

回 社交性

除了最基本的功能属性以外，互联网时代下的粉丝用户也开始聚焦于品牌的文化、个性、内涵等价值属性，由此产生与品牌间的情感联系，并围绕相关话题与其他粉丝展开交流互动。

出于对同一个品牌的认可，粉丝用户会积极参与到品牌相关信息的讨论过程中，以共同话题为核心进行交流。这种交流分为两种：**一种是社群内部的交流，是在社群成员之间开展的互动；另一种是外部的交流，即社群成员作为品牌的粉丝向其他用户进行品牌推广。**

很多企业都开通了官方微博，其微博平台便是粉丝的重要汇集地。品牌粉丝不仅在内部就相关话题发起讨论、表达意见，还面向其他用户进行品牌推广。如小米手机就通过微博平台发挥粉丝效应，到 2017 年 1 月，其粉丝规模达 1559 万人，企业在微博平台发布的信息能够获得上百乃至上千条评论，并吸引大批用户转发，反映出粉丝营销的社交性。

3.2.4 社交时代品牌粉丝营销的五大策略

社交时代品牌粉丝营销有五大策略，如图 3-5 所示。

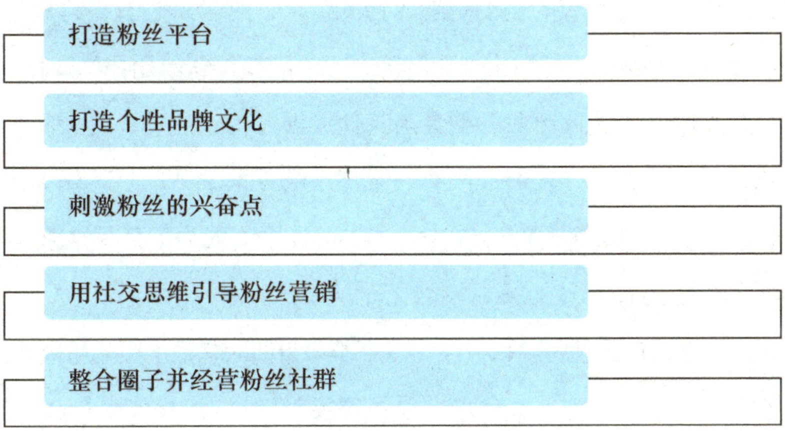

图 3-5 品牌粉丝营销的五大策略

回 打造粉丝平台

企业要想采用粉丝营销策略，就不能忽视粉丝平台的建设及运营，应该发挥社交平台在信息传播中的优势，依托微博、微信等平台，着重突出品牌价值，为用户与用户、企业与用户之间的互动提供平台支持，通过信息发布向用户传递更多资讯，并推动品牌营销，维持企业与粉丝用户之间的互动关系，进一步提高品牌影响力。

通过粉丝平台降低粉丝参与内容生产及传播的门槛，对其他用户的行为进行引导，进一步扩大品牌的粉丝规模。不仅如此，企业还能利用粉丝平台的信息传播能力打造品牌口碑，为企业的形象树立发挥积极的推动作用。

回 打造个性化品牌文化

只有突出自身品牌的个性化元素，体现品牌的差异化特征，才能实现忠实粉丝用户的聚集。从宏观角度分析，企业的发展离不开品牌粉丝的支持。要实现粉丝用户的积累与沉淀，企业必须了解消费者的需求及关注点，为其提供相对应的产品，并在营销过程中不断提升用户体验。

要增强品牌与用户之间的情感联系，将普通消费者培养成品牌的忠实粉丝，就要着重表现品牌的文化特色及价值理念，并以品牌为核心发展粉丝文化。从根本上说，粉丝文化代表的是消费者的情感诉求，这种诉求直接作用于消费者的决策。所以，企业必须打造个性化品牌文化才能获得粉丝用户的青睐。

用户对品牌产生认同感后，就会与其他人展开沟通互动，在共同爱好及价值观的指引下聚集起来，发展成具有一定规模的社群，并以自己作为社群成员而感到骄傲，随着社群运营逐渐转化为品牌粉丝，最终成为该品牌的忠实拥护者。

回 刺激粉丝的兴奋点

企业经营者需在调动粉丝积极性、点燃粉丝激情的基础上实施粉丝营销策略。

第一步，调动粉丝的兴奋情绪，通过产品营销引发粉丝尖叫，提高他们对自身品牌及产品的关注度。为此，企业需为消费者提供优质产品，使其得到粉丝用户的青睐，促使他们自发参与到产品推广过程中。但经营者需明确的一点是，优质产品离不开企业的营销，但企业只有在提供可靠产品的基础上，才能充分发挥粉丝群体的影响力，即粉丝在认可产品及品牌的基础上，利用社交平台进行信息传播，从而推动企业的营销。

第二步，促使粉丝用户参与社交互动。企业要借助“粉丝效应”实现品牌推广，就要允许粉丝用户深度参与到营销过程中，促使粉丝引领话题潮流，并在社交平台引发、参与话题讨论。由此可见，企业经营者只有在把握用户习惯的基础上，在品牌营销过程中添加社交元素，促使粉丝与品牌、粉丝之间展开互动才能推动品牌推广。

第三步，还要促使粉丝自发分享品牌内容，通过扩大信息覆盖面实现品牌推广。从根本上说，粉丝分享是利用人际传播方式来进行品牌推广，这种推广方式能够有效促进企业的品牌营销。当前企业做好前两步的工作，即经营者能有效调动粉丝的兴奋情绪、促使粉丝参与社交互动之后，粉丝分享便是水到渠成的事。

回 用社交思维引导粉丝营销

在传统媒体时代下，报纸、杂志、电视是企业营销采用的主导媒体，为了实现营销目的，企业会反复输出自己的产品信息。如今，在社交平台快速崛起的今天，传统营销方式不再适应企业发展的需要。

在社交网络高速发展的今天，企业在实施粉丝营销策略的过程中也不能忽视社交属性。具体而言，经营者应该注重社交关系的导向作用，提高粉丝用户在营销环节的参与度，使品牌价值与消费者价值相契合，在发展过程中将其转化为自己的忠实粉丝用户，而不是单纯依靠功能属性来对接消费者的需求。

这是因为在社交平台迅速崛起的今天，网络信息开放程度大大提高，粉丝用户能够通过各种各样的渠道查询品牌信息。在选择商品时，除了产品本身的基础功能之外，消费者会更加关注品牌价值、文化象征等社交因素。

在传统消费模式下，用户购买产品是为了实现一定的价值，而品牌商品本身的基础功能是用户的关注焦点；如今，粉丝用户更加关注品牌背后包含的非理性因素，**消费者将购买特定品牌的商品作为实现自身价值、进行自我定位的一种方式，是一种更高层次的价值实现。**所以，在互联网时代下，企业为提高粉丝营销的效果，需要发挥社交思维的导向作用，使品牌对接消费者的精神需求。

回 整合圈子并经营粉丝社群

社交平台为粉丝的聚集提供了支持，粉丝用户会以共同认可的品牌为核心，发展成不同类型的粉丝“圈子”，在圈子内形成统一的价值观并为成员营造归属感。

品牌通过互联网媒体平台积累的粉丝规模既能说明市场对自己的接受度，也能反映出品牌当前的营销价值。当粉丝规模扩大到一定程度后，品牌就能借助社交平台实现信息的大范围扩散，体现自身的营销价值。粉丝“圈子”为粉丝聚集提供了天然的土壤，是品牌营销所不能忽视的。

粉丝“圈子”也就是粉丝社群，企业要提高粉丝营销的整体效果，就应该突破粉丝个体的限制，从大局出发，着眼于粉丝社群的整合及运营。为此，品牌方既可以通过开展活动、制造话题、实施促销策略等方式，实现目标用户的积累，组建其自己的粉丝社群，也可以将原有粉丝“圈子”整合起来，围绕自身品牌进行管理与运营，最终发挥社群的集体力量。

概括而言，相比新兴的社交平台，传统媒体及其对应的营销思维逐渐满足不了企业的发展需求，在互联网时代下，传统的粉丝营销方式及其发展方向也被颠覆。品牌要想实现预计的营销效果，就要对当前的粉丝营销发展方向有着清晰的认识，在把握消费者心理需求的基础上，灵活采用营销策略，调动粉丝的激情及其参与的积极性，实现粉丝营销的价值。

3.3 营销转化：玩转微博营销，引爆粉丝的力量

3.3.1 从关注到变现：玩转微博粉丝经济

近年来，社交化营销掀起商业领域的新一轮热潮，企业也开始意识到粉丝群体蕴藏的巨大开发潜力。但是企业实施营销的目的是变现，如果只停留在获取粉丝、与粉丝开展互动的层面是远远不够的。

作为国内“粉丝经济”的引领者，小米手机正是依靠粉丝的认可与追捧才取得了今天的成就。为发挥“粉丝经济”效应，小米在营销过程中通过与粉丝

的沟通互动促使其购买自己的产品，从而推动企业的产品销售与品牌推广。

回 借助微博进行粉丝营销

现如今，企业通过微信、微博等平台开展营销的方式已十分普遍，绝大部分企业都开通了自己的官方微博及公众微信号，然而，能够通过社交平台取得理想营销效果的并不多。

很多擅长社交营销的企业同时经营多个微博账号，例如，小米总共有 25 个微博账号，具体包括小米公司、小米手机、红米手机、小米电视等；该企业管理层也开通多个微博账号，据统计，以雷军、林斌为代表的企业领导层的微博账号总共聚集了 2300 万粉丝用户。

除了小米，华为也呈现同样的状态。华为开通了多个微博账号，其粉丝规模接近 3700 万人，华为领导层的微博粉丝约为 460 万人。在拥有大规模粉丝用户支持的基础上，2015 年 1 ~ 6 月，华为生产商的手机产品供货量达 5000 万台，小米手机产品的同期供货量达 3470 万台，粉丝上涨幅度越大，产品供货量越多。

从浅层次分析，实施社交化营销的企业，积累的粉丝用户越多，其产品销售规模越大，市场拓展难度也就越低。事实上，部分企业对社交营销的理解并不完全正确，有些企业盲目扩大信息覆盖范围，却忽略了与用户需求及关注点的匹配，在这种情况下，企业输出信息的目的单纯是为推动自身发展，却不顾及用户需求，很难达到理想的营销效果。

另外，部分企业虽然采用社交化营销方式，但没有冲破传统思维的束缚，信息推广过程中忽略了与消费者之间的沟通互动，难以调动消费者参与的积极性。在这种情况下，企业虽然拥有了大批粉丝，但在实际营销过程中只是将推广渠道从线下转移到线上，难以进行用户筛选，也无法激发消费者购物的欲望，粉丝转化率始终维持在低水平，最终给企业的产品销售带来的实际性推动作用十分有限。

回 从关注到变现

漫威影业出品的超级英雄大作《复仇者联盟 2》拥有大批观影粉丝，不少品牌与产品也企图联手该影片开展营销推广。在众多商家中，伊利的社交营销不仅吸引了大批粉丝围观，还切实提高了产品销量。伊利借助微博平台携手该影片一同开展营销活动，形成完整的营销体系，为限量版产品的市场化运营打下了坚实的基础。

为扩大品牌及产品覆盖面，伊利与社交网站的关键意见领袖达成合作关系，使品牌植入内容及限量版产品的相关信息触达所有观看影片、发表评论及关注微博的潜在目标受众。

举例来说，当红明星李晨于《复仇者联盟 2》上映前 3 小时在微博平台展示伊利为该片打造的“复联英雄牛奶”，各路网络大咖纷纷加入产品推广行列，成功将此款定制化产品推上热门话题冠军宝座，影片上映当天，电商流量导入比以往高出整整两倍，天猫推出该产品后，仅 4 小时就被抢购一空。

同样引领粉丝经济的还有高洁丝。2015 年情人节，高洁丝在微博发起“微博男神被告白”活动，利用女性用户对偶像明星的崇拜心理来打造营销场景，并适时推出微博优惠券。数据统计结果显示，高洁丝天猫旗舰店从微博平台获得的访问量达 168 万，被消费者使用的微博优惠券达 28 万张，说明此次营销活动确实推动了产品销售。

粉丝经济除了能够刺激用户消费、推动企业产品销售之外，还能在品牌打造及推广过程中发挥重要作用。企业品牌聚集了大批粉丝用户后，就能在短时间内实现信息扩散，并进行更大范围的市场开拓。

企业可以通过社交平台实现对粉丝群体的价值挖掘。在具体实施过程中，企业借助社交平台的优势与粉丝展开深度沟通，并对用户的有效信息及消费需求进行分析，之后利用社会化客户关系管理体系把用户的需求信息发送给电商平台，带动平台的产品销售。

回 玩转粉丝经济“三步走”

在社交化营销领域展开深度探索的国内企业除了小米、华为，还有联想。联想集团也非常重视微博平台的应用，其总裁兼首席执行官杨元庆的微博粉丝量就超过 500 万。

企业能够通过营销活动的开展实现信息扩散，也能在与粉丝互动及产品销售过程中，收集用户的需求信息。在社交营销过程中，位于探索阶段的企业应重点进行粉丝积累与转化，通过推出符合消费者需求的产品来提高品牌影响力。拥有一定基础的企业则应聚焦于提高用户黏度，使用户更加信赖自己的品牌。

通过微博平台开展社交营销，能将微博平台搜集的社交数据与企业运营过程中产生的数据结合起来，为企业的客户管理提供参考。运营方能对用户在社交平台的行为数据进行深度处理，与企业搜集的用户数据相连接，从而对企业的潜在目标消费者有了更加清晰的定位。企业可据此优化自身的服务体系，并在掌握消费者群体特征的基础上为其推送精准的营销信息，通过这种方式挖掘微博粉丝的商业价值。

企业要通过微博平台发挥粉丝经济效应，应该遵循如下 3 个步骤。

第一，要进行品牌打造与推广。如小米开通了 25 个官方微博，企业积累的粉丝达 2300 万以上，拥有雄厚的实力基础等。

第二，企业应通过社会化客户关系管理体系把握用户需求，将用户转化成自己的消费者。

第三，企业应通过社交平台进行场景化营销，推动产品销售。

3.3.2　粉丝画像：有效挖掘海量用户数据

在传统的服务模式下，企业生产何种产品、提供何种服务，普通用户都只能接受，不能提要求，即便提出要求也得不到满足。在这种服务模式下，企业与用户之间的关系比较冷漠、僵化。而粉丝经济就是要打破这种冷漠、僵化，在企业与用户之间建立情感联系。

粉丝经济能为企业带来的好处不只是变现之后产生的经济利益，还有持续转化的品牌营销。如果某品牌拥有庞大的粉丝团，生产出来的新产品就能快速地打开市场，小米就是最好的例证。

在移动互联网时代，客户在移动广告与社交广告领域投入了越来越多的预算，尤其在社交营销领域，对于微博商业化来说，如何助力企业提升社交化营销效率是重中之重。

归根结底，商业竞争就是对客户的竞争，在互联网条件下，这种竞争变得异常残酷，流量成了核心竞争要素。微博拥有的社交流量入口非常强大，受持续创新力的驱动，微博为商家提供精准画像、商业生态、多维场景等一系列完整的营销方案，可以帮助商家获取更多用户，提升运营效率。

现阶段，在 IP 潮流、粉丝经济的推动下，一些综艺节目、影视剧非常火热，未来，IP 潮流、粉丝经济还将继续发光发热。

在国内众多明星荟萃的综艺节目中，《中国新歌声》的关注度居高不下，其原因除节目类型之外，当然还有节目组邀请了人气超高、拥有大批粉丝的周杰伦担任导师。除此之外，《捉妖记》《花千骨》等影视剧的火爆也说明在中国影视市场上，除 IP 本身巨大的影响力之外，粉丝经济的力量超群，不容小觑。

用“追星一族”来定义粉丝未免过于狭隘。从宏观的角度看，粉丝可以指任何一种兴趣、一个话题、一项事物的追捧者与参与者。无论是在互联网文化生产方面，还是在线上、线下消费方面，群体性粉丝行为的影响力都非常大。粉丝对某种事物或兴趣的热爱生成了强大的行动力与购买力，这两种力量结合在一起，使现代社会的方方面面，如文化、消费等都深受影响。

随着移动互联网的发展，人们已进入碎片化时代，用户的网络行为、网络使用时间越来越零散。面对这种情况，企业在社会化营销中首先要解决的问题就是如何在触达用户之后，与用户建立深层次联系，获取更有价值的用户数据。

微博为该问题提供了一个有效的解决方案：**对用户在微博上的行为进行收集、分析，然后与企业的用户数据对接，以建立清晰的粉丝画像。**利用大数据优势，微博成功帮企业建立了 SCRM 服务体系，对社会变化客户关系进行有效管理。

微博借助自己能传播数据（商业数据、自然数据）的优势，获取大量粉丝数据、用户搜索数据、订阅数据，帮品牌建立清晰的粉丝画像。然后将其与企业的客服 / 呼叫中心对接，打造出一款符合粉丝心意的产品。通过这个平台，品牌还能获取用户对产品的反馈信息与建议，以粉丝喜好为依据设计一些具有针对性的产品营销活动，增强品牌与用户之间的互动，提升广告投放的转化率。

例如，韩国艺匠婚纱摄影工作室拥有近 20 个微博账号，均取得蓝 V 认证，粉丝总量逾百万。这个工作室的客服数量达 200 人，只要粉丝在微博上与其互动，客服就会使用相应的话术与其沟通，以沉淀粉丝、完成销售转化。韩国艺匠的年销售额能达 50 多亿元，其中 30% 的销售额来自微博。

与韩国艺匠相似，利用微博开展社会化营销获得成功的品牌还有尚品宅配、老杜酱酒、+WIS+ 等。这些品牌均根据微博传播性强的特点，利用热点研制新产品、发明新玩法、打通 SCRM 营销闭环，通过社会化营销获取巨大的经济价值。

3.3.3 粉丝参与：增强产品与用户的互动

粉丝经济不仅代表了购买力，还代表了影响力。

2015 年，OPPO 将代言人李易峰与其官方微博的转发互动做推广，制造了一个热门话题，不到 12 个小时，该微博被转发 4 万次，获得了 5000 个赞、1600

条评论，阅读量超过 1 亿。微博将粉丝经济的实力再次展示了出来。

OPPO 没有将自己的官网作为主要的新品预约平台，而是将其放在了微博上原因在于 OPPO 通过调查发现微博是李易峰粉丝集中度、活跃度最高的场所，在这个场所，OPPO 能更加准确、高效地触及用户。同时，在这个场所发布新品信息，李易峰每个粉丝的主页都能成为其免费的广告位，信息传播范围能大幅拓展。除此之外，OPPO 携产品登上热搜，以套装（广告主账号 + 微博推荐 + 产品预售信息）的形式展现出来，能大幅提升产品的知名度，增加产品销量。

明确目标客户所在是品牌营销成败的关键，在品牌营销的过程中，品牌要随目标客户的移动而移动。在现存的各大社交平台中，微博是最适合开展粉丝营销的平台，因为在众社交平台中，只有微博的“粉丝 + 明星”关系链最完善、最丰富。再加上微博既有媒体属性，又有社交平台属性，适合以一对多的方式传播信息，更适合培育粉丝经济，帮助企业开展大型推广活动。

OPPO 的粉丝营销案例再次证明了粉丝经济的巨大威力。2 亿多的月活跃用户，同比增幅连续 2 年又一个季度超过 30%，再加上社交网站独有的关系沉淀能力，使微博成为最适合开展粉丝经济的平台。对于品牌来说，要想成功推行粉丝经济，首先要选择正确的平台，只有这样才能让粉丝经济发挥出巨大的能量。

除 OPPO 之外，2015 年试水粉丝经济的品牌还有很多。例如，2015 年 5 月，天猫国际借微博平台推出“苹果新品首发”活动，9 分钟售出 1 万件新品。同时，刚刚在天猫国际上线的海购生鲜产品频道也为众多网友所关注。

当然，企业要想推行粉丝经济，仅选择一个正确的平台（微博）还不够，还要在平台上建立社会化品牌阵地。例如，借助微博，小米与粉丝建立了深度联系，小米手机的销量随其微博粉丝数量的增长而增长。

总而言之，将粉丝生意转化为粉丝经济，就是要增强产品与用户的互动，在二者之间建立一种深入的情感关系，打造出有人情味的品牌。

3.3.4　产品为王：借助粉丝参与创新产品

企业要想将粉丝经济的能量充分发挥出来，**首先要生产优质的产品，保证产品质量。**如果产品不能让粉丝满意，后续的营销活动就难以开展，粉丝经济就只是一个花架子而已。

在粉丝经济开展的过程中，其核心环节就是引导更多普通用户参与决策中，让他们认同产品与服务，增强对产品与服务的归属感，引导他们从普通用户变成粉丝，进而对周围的人产生影响，为品牌带来更多用户与粉丝。

现如今，越来越多的企业开始注重与用户互动，引导消费者参与品牌建设，小米就是其中的典型。

小米与消费者之间的互动更多的是小米以消费者为中心对企业进行改造，整个改造过程涉及了产品、市场、销售、服务等多个环节，更是将企业品牌设计容纳在内。通过企业改造，小米完成了“将路人转化为粉丝，再将粉丝转化为消费者”的转化过程，这种转化就是典型的粉丝经济的转化。

打通、连接是微博平台最大的优势。俗话说“大河有水小河满”，正因为市场活动能源源不断地带来新用户，企业才能持续获得新用户。在初期，小米手机的开机屏保显示的是 100 名铁杆粉丝的名字，因为这 100 名铁杆粉丝曾参与小米手机试用、反馈两大环节。

小米公司为了对这 100 名铁杆粉丝表示感谢，将其名字印在了开机屏保上。由此，小米不仅与这 100 名铁杆粉丝建立了深层联系，还收获了一个更加庞大的粉丝团体。对于小米来说，其与粉丝已实现完全结合。

对企业来说，他们注重粉丝经济，不仅是想获取粉丝经济带来的转化收益，还想借助粉丝的力量持续创新产品，取得突破，以推动企业持续改造升级。相较于一成不变的产品与企业，消费者更愿意看到不断变化的、持续创新的企业与产品。粉丝的支持与鼓励是企业不断创新、实现自我突破的最大动力。

对于企业来说，微博就是一个舞台，借助这个舞台，企业可以将产品展现在用户面前，凸显产品特点，打造热门话题，形成热点传播或者病毒式传播，增强消费者与品牌的互动，缩短消费者与品牌之间的距离，让消费者更好地感知品牌。

以新品首发为例，企业在微博上开展新品首发活动，将明星的影响力与微博强大的传播能力相结合，让新品推广信息更便捷地传播出去。同时，企业还要擅长利用优质内容来进行传播。什么是优质内容？简单来说，就是主流消费群体喜爱的内容。

企业以不同的态度对待消费者，就会产生不同的用户体验，收获不同的营销效果。如果企业能从消费者的角度出发，以消费者为中心对营销活动进行调整，营销就会变得简单、高效。

总之，企业、品牌要紧抓粉丝经济的命脉，重视粉丝的力量，积极围绕消费者调整营销活动、改善用户体验；而在微博上，应利用持续的创新力使粉丝经济的生态链得以完善，催生出更多新品牌。

第4章

构建社群：

连接时代的社群电商运营实战

4.1 社群商业：去平台化时代的小而美电商崛起

4.1.1 社群经济：以人为核心的商业形态

移动互联网时代的到来推动了互联网商业逻辑的转变。流量、中介、Web的中心地位和效用不复存在，场景、APP、去中心化成为常态，连接变得更直接、更多元、更平等。零边际成本社会特征出现，基于共同兴趣、诉求、价值的社群商业迅猛发展，并逐渐成为互联网商业的主体模式，对现有的社会经济形态进行变革重塑。

这里的社群是指互联网意义的社群，是突破了物理地域限制、在互联网平台聚合组织起来的人群。借助克莱·舍基（Clay Shirky）在《人人时代：无组织的组织力量》一书中的阐述，互联网社群的特质主要包括：共同的目标或纲领，这是分散的个体成功聚集起来的基础；高效率的交流与协同工具，如微博、微信等；一致的行动。

社群的核心是“人”，是因共同目标聚合组织起来、实现高效协同和一致行动的特定的人群。互联网的高度开放性和强大的连接整合能力使具有共同兴趣、价值或目标的人能够无视物理时空的限制快速聚合起来，形成互联网意义的社群。因此，互联网社群其实早已出现，豆瓣、QQ 空间、微博等社交平台中的兴趣小组就是一种互联网社群形态。

只是从商业角度看，由于早期受制于经济、网络和智能终端的发展，拥有社群的各个社交平台大都没有建立起有效的生态反馈补给机制，因此平台中多是自娱自乐的兴趣社群，缺乏有效的商业变现路径，最多在社群中进行较浅层的营销。

例如，QQ 商家通过在各类 QQ 群里发布广告的方式获取流量，实现商业目的；博客则是意见领袖的舞台，内容和流量成为焦点；微博时代出现了各种粉丝营销、培训、大 V 等；微信中也充满着各种互联网思维的培训。这些都属于传统意义上的流量、营销与广告。

其实，不论是博客、QQ 群，还是微博、微信群，都只是一种沟通工具和媒介，其价值也更多体现在营销与广告方面，并没有影响到组织架构，形成共同的目标和一致的行动，因此，严格来说它们不是真正意义上的互联网社群，自然也无法推动社群商业时代的到来。

社群商业的本质是“人”，与传统商业模式相比能够真正拥有用户。真正意义的互联网社群是在 2014 年开始出现，并作为一种极具生命力的新商业形态对社会经济进行变革重塑——**从流量到场景，从围绕信息到以人为本，从眼球经济到价值创造，都重塑了组织、产品、用户、生态链的一切关联。**

因此，在社群商业时代，传统的、简单粗暴的广告营销泡沫逐渐破灭，真实性、价值性、人本等回归中心并成为焦点。

4.1.2　社群连接：连接变革下的粉丝聚合

社群基于互联网连接而形成，互联网连接具有多元化、直接化、平等性的特点，如图 4-1 所示，这使社群商业形态的出现成为必然。

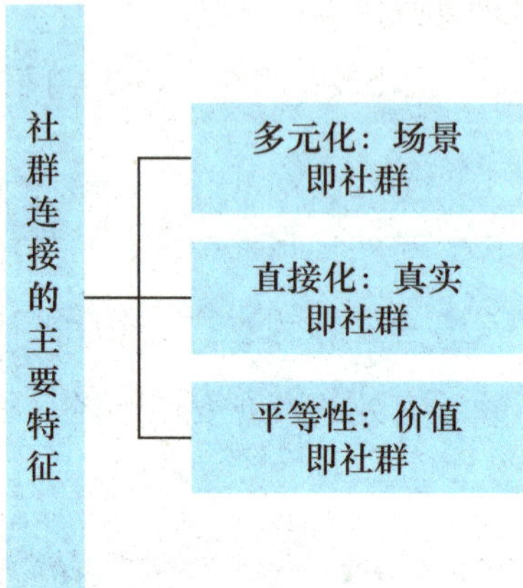

图 4-1　社群连接的主要特征

回 多元化：场景即社群

移动互联网和手机等智能终端的发展普及使去中心化、多场景、多关系的连接取代了 PC 时代互联网单一的、中心化的 Web 连接，基于碎片化场景的多元连接成为常态，并催生了大量场景化社群。连接多元化的具体体现如图 4-2 所示。

图 4-2　连接多元化的具体体现

（1）从流量到场景

在移动互联网时代，以往统一的 Web 形态变成了一个个基于细分场景的垂直APP；硬件则分散为一个个可穿戴智能设备（如手机分散为智能眼镜、智能手表等可穿戴传感器），连接越来越多元。

与之相伴随的是从流量到场景的转变，中心化的流量模式变成了去中心化的场景模式。用户重新回归到“人”的本质，处于确定的时间、位置和环境之中，也有着自己独特的需求、爱好和消费习惯；商家借助大数据、云计算等精准定位用户的这些特质和信息，并通过即时场景连接为用户提供最适宜的产品或服务。由此，分散的个体围绕共同爱好、调性或目标聚合起来形成互联网社群有了坚实基础。

（2）新的生态链形成

随着互联网与实体产业的不断渗透融合，企业与用户、用户与用户、用户与产品等人与一切的关系被重塑，多元化连接成为常态；消费者主动参与其中的新生态链形成，交易不再是结束，而成为服务的开始，是用户与用户、用户与企业之间建立新连接的开端；企业组织架构向互联网社群转变，与消费者发生着更新、更多的连接交互。

（3）用户本能

多元化的连接带来了众多场景，面对规模庞大且快速更新的海量信息，用户注意力只能集中在当下，关注和回应即时的场景化信息，场景即社群。

回 直接：真实即社群

社群是人的聚合与交互，真实性是其灵魂。连接的直接化保证了真实性，使社群得以更好地生成与维护。一方面，商家跳过中介与用户直接连接，更具真实性，而在充裕的连接下，用户也更加追求真实性；另一方面，线上与线下的渗入融合带来了更大的价值空间，O2O（Online to Office，离线商务模式）、垂直细分服务等不断涌现。

当企业、组织、个体能够与用户直接产生连接时，真实性、价值性、人性化等内容便开始回归，以往“大而全”的大众商业开始分解为基于特定需求和垂直服务的“小而美”的社群商业。

回 平等性：价值即社群

连接的充裕性和平等性为个体崛起提供了条件，围绕个体生成的社群成为可能。一方面，用户不再是处于产业链末端的被动接受者，而是主动参与生产和价值创造过程中，具有了更大的话语权，地位更平等；同时，微信等社交化媒体的广泛普及让不同主体间的交流协同更加容易。连接的便捷性和平等性使有价值的个体能够吸引并聚合起大量拥趸者，从而形成围绕个体的社群。

例如，微信本身既推动了更多社群的产生，同时众多社群也利用“公众账号＋微信群”的运作模式实现了更好的社群运营。如罗辑思维借助微信平台便利、平等的连接，形成了“公众账号＋近2000个微信群”的社群生态。公众账号可以创作和发布社群内容，微信群则是社群组织的有效工具，传播内容并扩大社群影响力，两者的互补协同实现了社群的有效运营。

此外，优酷、微电商等为个体更好地发挥自我价值提供了平台，而个体也通过这些平台与有着同类调性的其他人连接聚合到一起，形成一个个“小而美”的垂直社群。社会化媒体时代，人人都是自媒体，因此每个人都有机会建立自己的品牌，并基于平等性的连接吸引和聚合大量粉丝，形成社群。

4.1.3 社群场景：小而美的个体社群生存

连接的多元化、直接化、平等性推动了社群的场景性、真实性和价值性。随着互联网社群逐渐深入社会经济生活的各个方面，以淘宝、京东等为代表的大型流量平台将慢慢失去吸引力，取而代之的是具有场景性、真实性和价值性的社群商业形态，社群将成为未来电子商务的主体。

随着社群商业时代的到来，人们的购买逻辑发生变化：**不再只是紧盯价格的商场式购物，而是更愿意为特定的场景解决方案付费，注重即时的场景化体验。**由此，京东、携程等传统流量模式被碎片化的场景取代，进而形成基于场景化连接的新产业形态。

社群商业向场景变革，流量被场景取代。例如，人们选择出行服务时将更加青睐垂直便利的“航空管家 + 商务租车”，而不是传统的旅游服务平台；同样，月饼、年货等商品的购买也不再通过中心化的大型电商平台，而是在特定的微店中实现。可见，社群商业形态中，那些能够满足消费者特定场景需求（出行、过节），为用户提供便利、及时、人性化产品或服务的“小而美”的垂直商家更易受到青睐。

需求即产品、产品即场景、场景即社群。移动互联网时代，人们的日常生活被分割为越来越移动化、分散化、碎片化的场景，每个场景中用户都有着特定的需求，从而形成一个个具有较强黏性的社群商业。同时，用户需求的社群化也推动了企业研发模式、生产模式、营销模式的变革再造，企业组织、生态链、客户关系等都转向社群化管理，从而催生出一个全新的产业形态。

社群商业通过对人的关系（用户与企业、用户与产品等）进行重塑，使产品回归到人本和价值上来，也让商家将目光更多地聚焦到用户需求和产品品质方面，由此又将带来更多基于特定场景的社群产业形态。

随着社群商业的发展，旅游、教育等越来越多的行业将出现新的社群形态，并带来更多新的产业模式，基于特定场景连接的生态组织模式与组织关系的重塑将推动整个经济体系发生变革。

社群商业回归真实性、价值性，针对特定场景需求的“小而美”的个体社群受到欢迎。

（1）表现形态上，围绕线下店铺或专业匠人的社群生态不断涌现

如餐饮类、书店、电影院以及作家、摄影师、手工艺人等。这些社群生态的特点是团队规模小、专注于垂直细分领域、提供特定场景的解决方案、拥有较为稳定的用户群。

需要注意的是，互联网特别是移动互联网不是取代而是促进了线下场景的

发展：一是为人们构建出体验更优、更有品质的场所；二是通过有效的线上沟通促使人们回归线下体验，满足用户深层次的存在感、真实性需要；三是为线下社群提供了更多连接聚合的方式。

（2）运营方式上，线上线下交互成为常态，深层次的情感交流成为社群生存和维系的基础

未来，社群将变得更加垂直细分，当陌生个体围绕共同需求、兴趣、场景等聚合起来时，信任成为关键要素；而线上线下的交流互动和实时反馈则有助于社群形成信任和真实性，也能够使社群更好地进行价值筛选和用户沉淀，从而保障社群生存。

线上线下的交互沟通形式十分多元，如分享会、High 聊会、户外活动等运营类互动，以及借助 iBeacon 等感知设备连接、聚合与组织人群的技术类互动等。因此，旅游、餐饮这类适合 O2O 运营的社群将获得更高的用户忠诚度，成为颠覆传统模式、实现社群商业创新的主要力量。

（3）价值创造上，照搬照抄和硬广告将失去存在空间，原创性、场景性、互动性的营销内容更受青睐

面对规模庞大且快速更新的信息之海，用户对信息产生疲劳，只会关注符合即时场景的有价值的信息。因此，那些坚持 UGC（User Generated Content，用户原创内容）、PGC（Professional Generated Content，专业生产内容）等内容原创的社群，以及能够基于特定场景与用户有效沟通对话的社群将受到人们的青睐；那些内容抄袭、转载和营销类的社群则将由于无法为用户创造价值而出局。

连接的平等性为用户带来了更自由的选择。以微信群为例，其具有快速创建、快速聚散、自由进出、无群主的特点，会随着话题的时间性而呈现或沉没，用户有着更大的选择自由。微信群逐渐向价值回归，使那些能不断为成员创造场景价值的微信群具有越来越大的黏性，而广告营销类微信群则将随着广告价值的消退而被用户抛弃。

平等性连接带来的这些变化同样也适用于公众账号以及优酷等平台的社群。随着社群商业的发展成熟，传统产业形态将被颠覆重塑，新的产业生态将不断涌现。

4.2 社群经济的模式变现、产品类型与运营实战

4.2.1 商业模式：社群运营的 3 种变现渠道

立足动机层面来分析，无论什么类型的社群对变现问题都非常重视。但与其他很多产品一样，社群运营也经常遭遇变现困难。从根本分析，对社群而言，相比于变现，打造与运营社群的难度更大一些。

企业采用的商业模式需与产品的属性及特征相符，产品不同，其商业模式也存在区别。社群也不例外，社群的种类不同，其所适用的商业模式也不相同。

所以在实际应用过程中常出现这样的情况：有些社群可通过实践某种商业模式增加收益，但其他社群无法达到相同的效果，若产生副作用还会遭到成员的排斥。之所以会出现这样的问题，很大程度上是由于这种商业模式在实施过程中无法与社群属性保持一致。通常情况下，当社群发展到一定程度时，经营方采取有效措施便可进行商业转化，但这是建立在深度的社群运营基础上的。

在这里将对目前运用较多的几种社群商业模式进行分析。在具体选择及实施过程中，社群经营者需要在把握社群特征的基础上，开展持续有效的深度运营，以实现效益最大化。

不少商家仅仅将社群视为营销渠道，这从其商业模式的选择上就能看出来。所以，现阶段下，存在于市场上的几种主要商业模式都沿袭了某些传统营销思维。当各类社群大批量涌现出来并呈蓬勃发展之势时，这类商业模式确实推动了社群的发展。社群运营的 3 种变现渠道如图 4-3 所示。

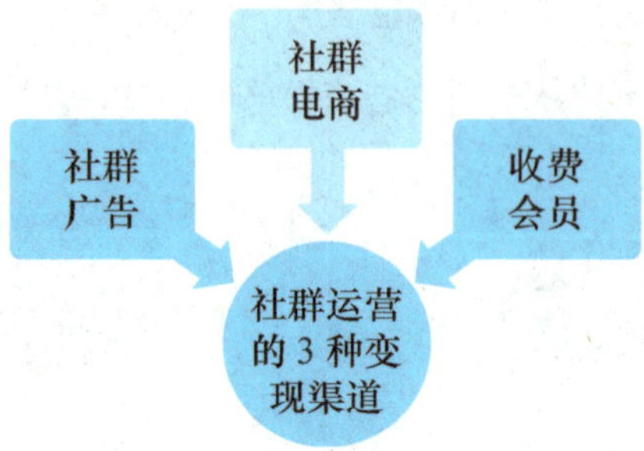

图 4-3　社群运营的 3 种变现渠道

回 社群广告

从根本上说，在社群运营过程中经营广告业务就是将社群作为广告投放渠道。媒体通过广告投放来盈利也无可厚非，但是其广告形式需要与媒体自身的属性相符才能达到预期目的。

由于社群不同于传统媒体形式，在通过社群进行信息推广的过程中，需要改变以往的信息传播方式，不能只是将信息发布出去就算完成推广任务，这种传统广告不仅无法吸引用户的关注，甚至可能引起他们的反感。在社群的日常运营过程中，需要保持成员间的有效互动，另外，面向社群的营销要具有较高的针对性，社群管理者应做好日常运营，并注重提高用户质量。为了达到推广目的，运营方有时需将广告信息融入社群内容及相关活动中，例如，有些自媒体网红就将广告渗透到内容当中，使用户不会感觉到主播是在直接做宣传，既能起到推广作用，又不会引起观众的排斥。

但是，社群无法做到像网红那样聚集起大批的粉丝。通常情况下，社群对成员是有一定要求的，用户总体规模不大，因此广告触达范围也十分有限，会给社群变现带来阻力。所以，要想通过社群广告实现长期大规模变现并不容易。

回 社群电商

所谓社群电商，即通过社群渠道向用户销售商品。不少经营者建立社群的动机就是为了发展电商业务，如美妆社群销售化妆品，母婴社群销售母婴产品等。

再者，有些社群发展到一定程度后也希望能够通过电商化运营获取利润。

社群电商与社群广告存在共性。发展成熟的社群能够促进成员间的高效互动，并沉淀出优质用户。运营者要销售商品，就应该选择与社群属性及成员需求相符的产品，实施针对性营销。当然，所有这些都要建立在社群深度运营的基础上。

若没有经过前期的深度运营，仅仅将社群视为产品销售途径，将难以达到理想效果，毕竟现在的用户在信息选择上掌握了更多主动权。而且，由于社群中的用户规模有限，也难以扩大社群电商的信息传播范围。因此，从电商发展的角度分析，网红模式显然更具优势。因为网红拥有足够的粉丝支持，能够顺利开展电商运营。网红以自媒体形式发展电商，能够利用网络平台聚集流量资源，容易进行商业转化。

回 收费会员

在所有变现方式中，最直接的当属向会员用户收费。具体是指，社群明确规定，只有按照收费机制向社群缴纳会费的人才能获准进入该社群，与其他成员互动，获得社群为会员提供的服务。

所谓“付费型社群”，就是指当社群或其创办者能够为成员提供有价值的内容时，可以针对所有用户设定付费门槛，要求他们缴费后才能享受社群提供的优质服务。

收取会员费确实能够变现，但将这种方式视为成员准入条件，而非主导变现的途径更好一些。社群与粉丝群是存在明显区别的，社群成员是出于对同一事物的认可或共同兴趣爱好而聚集到一起的，所以运营方需要保证成员认可社群产生的内容，收费便是一种有效方式。通常情况下，如果用户本身不认可这个社群，就不会付费参与其中。

概括而言，在变现方面，社群不应该对收费过于依赖，因为社群无法像网红那样聚集大批粉丝用户。会员费用过高会挫伤用户的积极性，导致会员用户流失，所以，在设定会员费用时需要考虑多方面的因素。不仅如此，实施收费模式不利于社群保持与成员间的平等关系。在付费之后，社群成员会对运营方提出较高的要求，使社群发展面临更大挑战。为了避免这种情况的出现，就应该在发展初期正确看待会员收费制度。

4.2.2 类型划分：社群商业的 3 种产品类型

上文中列出的几种常见的社群商业模式适用于多种类型的社群。除此之外，社群在发展初期往往聚焦于特定的领域，所以会有一批行业类社群兴起，其商业模式也会带有这个领域的特征，比较常见的有培训型社群、产品型社群、公司型社群，如图 4-4 所示。

图 4-4 社群产品的常见类型

回 培训型社群

相比其他类型的社群，培训型社群的变现难度要低一些，社群管理者可以在社群中直接发布提前积累的专业技能及相关知识，并要求成员缴费后享受内容服务即可。

从根本上说，培训收费是对之前积累的资源进行商业化运营，由群主自己创作优质内容并在社群传播，或者是专家定期参与社群，输出优质内容，群成员付费享受自己所需的信息服务。培训类社群可直接完成变现，这种商业模式并非是在社群兴起之后才诞生的，如今，采用这种模式的知识培训类社群俯拾皆是。

当群主比其他群成员掌握更多专业知识时，培训类社群才能凭借内容输出获得利润，所以以医疗、法律为代表的知识密集型行业可建立培训型社群。随着互联网行业的发展，该领域的从业者可获得不错的薪资，慢慢形成了通过付费方式获得优质内容的意识，通过知识武装自己。因此这种社群类型也可应用于互联网技术及相关培训行业。从宏观角度来说，此种商业模式不仅具有较强的操作性，还能套用于其他行业中。

但是，培训型社群的运营既要有专业的内容生产，还要不断在社群中发布高质量内容；为了支撑变现，必须有更多用户愿意付费参与，而要吸引用户，社群就要不断输出优质内容。不仅如此，要提高已有用户的黏度，也离不开优质内容的持续性输出，这就要求内容生产者具备足够的专业能力。

回 产品型社群

在所有类型的社群中，最能实现商业模式与社群属性深度结合的，当属产品型社群。所谓产品型社群，即社群根据自身的属性促使群成员联合推出相应的产品或服务，面向社群内用户或其他用户销售，进行商业转化。举例来说，某母婴社群中的成员会对当下存在于市场上的纸尿布进行对比分析，并抱怨现有产品无法满足其需求，在这种情况下，社群就可以针对成员的需求打造自己的纸尿布品牌，还可根据成员意见进行产品设计与改进，若有需要，也可以采用众筹方式进行品牌打造。在产品型社群中具有代表性的案例当属小米社群。

这类社群的成员不仅能够表达自己的需求，还能参与产品的设计及生产环节。随着社群的发展成熟，在成员共同需求的驱动下生产并进行商业转化是水到渠成的事情。在这个过程中，社群的发展逐渐趋向企业化，其系统结构会不断完善。

通过分析不难看出，在商业模式上，产品型社群与社群电商存在明显区别。社群电商将社群视为销售平台，运营方在掌握货源后，将其出售给群成员，信息由商家传递给消费者。产品型社群是在成员提出特定需求后，联合进行生产，之后开展市场化运营，信息是从消费者到达商家，与前者的信息传达方向截然不同，是对 C2B（Consumer to Business，消费者到企业）模式的实践。在这种模式下，社群电商打造的产品或服务必须与成员需求相符，若运营方与第三方品牌合作推出现有产品，则很难获得消费者的认可。

而产品型社群要实践 C2B 模式，必须统一收集并分析成员的反馈信息，这就要充分利用互联网的优势掌握成员需求，对其意见做出反应，摒弃传统模式下要求用户被动接受信息的方式。为此，产品型社群应该突破传统思维的限制，与成员保持良性互动关系。

回 公司型社群

产品型社群的发展趋向于企业化，公司型社群则逆向行之，使企业向社群化发展。

如何理解公司型社群？即企业采用社群化管理方式维持与客户群体之间的互动关系。在传统模式下，企业与客户之间缺乏有效沟通，市场调研活动是双方产生联系的唯一方式。如今，社群呈蓬勃发展之势，社群在客户关系维持、反馈信息收集、产品及服务优化方面的价值逐渐得到企业的重视，为推动自身发展，经营者围绕企业自身的运营，采用社群化方式来管理客户群体。

如今，很多企业建立了自己的用户群，擅长用户群管理及运营的企业，能够与用户之间保持高效沟通。当用户群的发展日趋成熟，企业可以营造符合自身产品属性的文化氛围，进而提高用户黏度，促进产品优化，扩大品牌影响力，并为社群的商业化发展开辟道路。

但是公司社群的参与主体分为企业与用户两部分，他们分别代表不同的利益方，这给群成员的互动带来阻力，限制了社群商业价值的提高。由于社群的发展及运营牵涉到利益因素，要吸引更多用户关注、促进成员间的互动，就要建立共同的社群文化，并保持成员在价值理念上的一致性。

4.2.3 社群运营：如何实现社群的商业价值

以上是当前市场上应用得比较普遍的几种社群商业模式，有不少经营者通过实践这些模式获得了成功。但要对社群价值进行深挖，还应采取更多有效措施。

考虑到社群与社群经济蕴藏着巨大的发展潜力，经营者要拓宽视野，从长远角度出发，为社群发展环境的良性运营做出自己的贡献，避免过度追求短期商业转化而损害长期利益。随着社群的发展，将有更多经营者采用这种组织方式进行商业运营，这就需要有更具价值的社群商业模式供其选择。

上文列出的几种变现方式存在共同的弊端：**社群运营者将群成员视为价值挖掘对象，而非己方成员，只是通过商业化运营来增加自己的收入。但这种看法与社群一贯强调的彼此平等、协作统一的价值理念违背。**

社群成员在价值观及发展方向上保持一致，从这个角度来说，社群运营者与群成员是站在同样的立场上。因此，运营者应转换自己的思维角度，将群成员视为己方成员，并从这个角度出发，开拓新的社群商业模式，具体措施如图 4-5 所示。

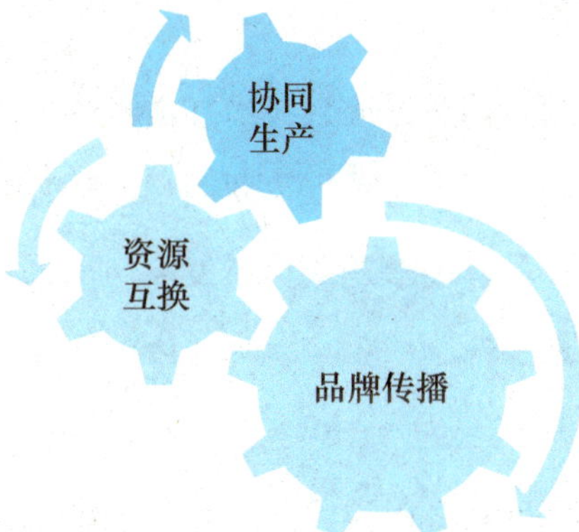

图 4-5　如何实现社群的商业价值

回 品牌传播

社群本身就有品牌属性，社群成员共同参与打造的产品或服务则具有明显的品牌性质。在社群中推广品牌是指调动社群成员参与的积极性，为他们自己的产品做推广，传播自己的信息内容，形成良好的口碑效应并进行大规模传播。如今，不少自媒体生产的内容就是由粉丝推广出去的，这种宣传方式能够实现大范围的信息覆盖。除此之外，参与信息传播的自媒体粉丝会自发形成具有较高互动性的社群，并围绕自媒体的发展及其风格、属性开展运营。之所以会出现这样的情况，是因为粉丝用户能够认识到他们推广的内容是自己参与生产的，这能促使他们积极参与推广过程。

相比自媒体的粉丝用户，社群成员对社群的认可度更高，依赖性更强，所以社群成员也自发参与品牌宣传，因为社群的品牌与他们的关系更紧密。

一方面，要调动社群成员参与推广的积极性就应该保证社群品牌与用户特质相匹配，在这方面，吴晓波的“吴酒”是典型代表。当然，因为社群成员素质普遍较高，所以社群品牌面向的受众用户具有清晰的定位，在贴近用户特质方面并不困难。另一方面，社群运营者想要激发群成员参与品牌推广的主动性，还应该为群成员提供高于其心理预期的体验，在这方面，罗辑思维开展的“吃霸王餐”活动完美地诠释了这一点，并取得了理想的传播效果，可以为社群运营者带来有益启示。

概括来说，社群运营者需贴近成员特质并推出令人惊喜的体验，通过社群运营形成病毒式信息扩散。社群运营者需要明白，暂时的变现只是社群的部分价值体现，当社群打造的品牌能够在成员自发参与下进行大范围推广时，其商业价值才会被进一步挖掘出来。

回 资源互换

克莱·舍基（Clay Shirky）的《认知盈余》指出，社会的进步、技术的发展使人们拥有更多自由时间，获得了更多知识，除了消费之外，人们应该学会利用空闲时间来从事创造性活动。资源的分享与互换能够集合多人的优秀能力，最终体现为群体的优势力量，共享经济就是在这种社会需求下诞生的。

成长背景、工作领域、文化水平等各个方面的不同，使人们拥有自己的优势与不足，若个体之间能够相互协作，就能通过共享实现创造。今后，共享经济发展成为主流模式，社群则可在运营中充分发挥共享经济的优势。当社群成员汇集到同一个平台上，他们就能通过交换资源来达成协作关系。当成员之间的联系日益紧密，他们之间的资源交换也会向垂直方向延伸，进一步体现社群的商业价值。同时，社群成员还能利用先进的网络手段进行沟通，大幅节约资源互换的时间消耗。

可以将社群的资源互换划分成两类：群内资源互换与群外资源互换。群内互换指在成员之间进行的资源交流，依托网络平台的优势，群成员间的资源互换更加自由，能够实现更大的价值创造。举例来说，正和岛社群将企业家聚集到同一个平台上进行资源交流，能够创造商业价值；社群作为一个整体，也能够与第三方组织进行资源互换，例如，正和岛社群能够连接到外部资源，为成员的发展提供更多资源支持。

根据“邓巴数理论”，一个人大约能够与 150 人维持稳定的社交关系，这个结论是建立在人脑承受能力基础上得来的。在互联网时代下，社交关系的建立及维系受人脑承受能力的限制降低了，人们可通过网络手段进行管理，并根据自己的需求与其他人进行互动，在原有基础上扩大了社交圈。

随之而来的是更多社群围绕社交资源开展商业化运营。具体可表现为以下几点。

第一，社交交易。把社交视为能够用来交易的商品资源，社群成员按规定付费后，能够得到社群推荐的资源。

第二，社群在发展过程中，能够沉淀越来越多的社交资源，从而提高自己的优势力量，对用户形成更强的吸引力，最终通过商业化运营进行变现。

从根本上说，社交价值就是通过资源交流反映出来的。在社群发展过程中，运营者可以通过自身运营为群成员提供资源连接服务，使社群成为社交资源的交流平台。

回 协同生产

在优势资源利用方面，除了简单的分享交换，还需要展开深度协作，从而提高资源利用率。成员之间可进行协同生产，创造更多价值。

人们在各个方面，包括经验、专业技能等方面都可能存在盈余。在同一个社群内，群成员可以与其他成员进行交流互动，从而形成双方之间的优势互补，通过协作方式创造价值。举例来说，维基百科的词条解释就是对人们知识盈余价值的挖掘；罗辑思维发挥了粉丝的协同效应，也能创造商业价值。

社群运营通过发挥协同生产的作用能够创造更多优质产品或服务，并集中优势力量实现更大的价值创造。所以，协同生产也是社群包涵的价值组成部分。

由此可见，在遵守统一规则的前提下，社群能够将群成员各个方面的“盈余”资源汇集起来，促进成员之间的合作，从而产生巨大的商业价值。

通过上文可以看出，社群在可以根据自身发展需求在不同商业模式中进行选择，通过社群广告、社群电商或向会员收费的方法完成变现；除此之外，像培训型社群、产品型社群、公司型社群这样的特定社群商业模式也可以作为社群进行商业转化的有效方式。相比于传统的组织形式和经济形式，社群蕴藏着更多的商业价值，可在品牌传播、资源互换及协同生产方面发挥作用，社群运营者应该在深度运营的基础上进一步挖掘其商业价值。

4.3 社群电商：移动浪潮下，构建新型电商模式

4.3.1 社群本质：以社群管理激活沉淀客户

在对社群电商进行研究之前，首先要明确一个前提条件——社群电商不是传统电商、移动电商颠覆式创新的产物，也不是一种新型的商业模式，而是传统电商、移动电商深化延伸的结果，是商业意识形态觉醒的产物，代表着社群经济在线上落地。

研究社群电商，必须先研究社群经济，二者是归属关系，社群经济线上落地就表现为社群电商。至于社群经济的概念，简单来说，就是在服务的基础上，围绕内容，依托口碑传播形成的一种信任经济。社群经济不是现代社会发展的产物，在古代就已存在。虽然目前互联网上关于社群经济的讨论非常热烈，但

社群经济绝不只存在于互联网。从本质上讲，社群经济属于商业意识形态的一种，简单概括就是以信立商。

自古以来，诚信是企业的立身之本，社群经济推崇的就是商业古训——诚信经商。社群经济覆盖范围极广，线上、线下都可存在。企业要想实现可持续发展，就必须遵循社群经济的核心要素——诚信。自诞生以来，社群经济就伴有粉丝特性，即消费者高度信任品牌，给予品牌无限支持。

自进入互联网时代以来，社群经济增添了些许"明星"的光环。凡是成功的社群，其发起人都有一批忠诚度较高的拥护者，也就是粉丝，因此发起人就带有些许明星属性。但不能就这样将社群经济与粉丝经济混为一谈，相较于粉丝经济，社群经济更加理性。

在粉丝经济中，无论品牌或企业发布什么产品，粉丝都会毫不犹豫地为其买单。但是在社群经济中，对于品牌或企业发布的产品，社群成员会先对其价值进行考量，然后再决定是否购买，是去是留。

社群电商是社群经济这种意识形态在线上落地的表现，它不像传统电商一样有分明的 B2B、C2C、B2C 这样的模式划分，它可以同时将这 3 种模式融合在一起。在人们对社群电商推崇备至，特别是在以罗辑思维为代表的自媒体社群电商强势走红的形势下，人们对社群电商这一概念的理解开始偏离正确的轨道。

某些营销公司甚至想以"传统电商或移动电商的颠覆式创新模式"这样的概念来解释社群电商，从中牟取暴利。事实上，社群电商只是传统电商或移动电商的延伸，体现了商业本质的回归，并非一种颠覆性的商业模式。

也可以说社群电商是一种客户管理体系，能通过客户的社群化管理将沉淀的客户彻底激活。社群电商对客户的管理方式与传统的客户管理方式不同，它利用社交网络工具对客户进行了社群化改造，借助社会化媒体工具，有效提升了社群成员的活跃度，增强了社群成员的传播能力。

无论传统电商，还是移动电商，抑或微商都可以借助社群电商发展。事实上，最早的微商就是从社群电商中脱离出来的，只不过在后来发展的过程中逐渐走偏了而已。

4.3.2 社群运营：以用户意识升级产品服务

从某种程度上说，社群电商就是一种升级版的客户管理体系，是一个以社群化的方式激活沉淀用户的过程。以网络化的方式将单独的用户串联起来，让客户之间形成互动，产生交集，在互动的过程中增强消费者对品牌的黏性；挖掘客户间的共同点，将其与自己企业或产品的文化融合在一起进行口碑传播。

传统电商在升级客户系统的过程中要重视用户意识的改造，将过去那种客户的概念代之以用户意识。这里的用户指的是产品的重度消费者，长期为企业或产品增添利润的产品使用者。用户与客户的区别和注册会员与消费用户的区别一样，平台的注册用户能达几百万、几千万，甚至上亿人，但真正的消费用户却没有多少。

社群电商在以社群化的方式对用户进行改造的过程中，企业要明确自己的核心价值点，要明白客户为什么选择自己。为此，企业需要细致地刻画用户画像，从中挖掘用户的兴趣点，将用户的兴趣点与企业价值连接起来，将用户纳入自己的社群体系。

企业要想成功地建立起自己的社群体系，就不能将原有的客户一下子引向企业微博或者微信公众号，也不能简单地建立一个 QQ 群或者微信群将客户全部变成群成员，而是要先对自己的用户进行细致分析，做出全面了解，然后再逐步将其引向自己的社群体系。

对企业用户进行社群化改造既有优势，也有劣势。如果企业用户的社群化改造能够成功，企业就能大幅提升自己的影响力，反之，就会加速走向死亡。如果企业没有质量过硬的产品，其社群化改造所产生的后果难以预测，有可能单个客户对产品的投诉会演变成群体投诉；更有甚者，还有可能为企业带来公关危机。

在过去，客户是独立的个体，即便是对产品进行投诉也纯属个人行为。但是在社群化改造之后，客户之间相互联系，如果产品出现质量问题，这些客户就很有可能联合起来与企业站在对立面，对企业进行声讨。为了防止这种情况发生，企业在社群化改造之前要做好两点准备：**第一，提升企业危机公关的应对、处理能力；第二，提升产品质量，提高服务水平。**

世界上没有完美的产品与服务，只有相对优秀的产品和服务，即便是受世人追捧的苹果手机也经常收到客户投诉。因此，企业在社群化改造之前要做好应对危机的准备，在事情来临时有序应对。要做好这一点，企业先要提升自己的产品质量，升级自己的服务，以尽量满足客户需求，减少客户投诉。

另外，由于社群电商是社群经济线上落地的表现，所以社群电商要遵循社群经济的核心——以信立商。重视诚信、经营诚信，摒弃过去的不良习惯，改正营销为王的思维，就能推动社群电商实现健康、可持续发展。

4.3.3 社群微商：社群经济下的微电商发展

快速发展的移动电商为创业者带来了巨大发展机遇，而作为一种基于微信朋友圈、具有社群属性的移动电商新兴业态的微电商无疑是创业者关注的焦点。但在经历了一段野蛮生长期后，微电商开始进入洗牌期，有些人认为微电商未来的发展前景相当渺茫，有些人则认为微电商的发展将会迈向一个新高度。那么，未来的微电商究竟会是如何呢？先让我们看一下微电商的发展历程，如图 4-6 所示。

图 4-6 微电商的发展历程

回 野蛮生长期

微信群、微信朋友圈的出现给商家带来了一种进行聚众营销的实践场所，更为关键的是，作为一种熟人社交工具的微信，使双方存在着一定程度的信任关系，对开展微电商是十分有利的。

最初的微电商是创业者或企业出于探索移动电商的心态而进行尝试而产生的。当时，淘宝、天猫、京东等电商平台在移动端布局相对较少，微信朋友圈就成了探索移动电商的绝佳场所。因为交易双方之间的信任关系，购买者不会过于担心产品质量或者价格问题，于是，微电商在这样一种良好的发展环境中逐渐快速发展。而且，微信本身就是一种强大的社交工具，商家通过加好友私聊的方式也能简单地对客户关系进行维护。

但接下来的发展却超出了很多人的意料，那些真正意义上的生意人开始进入微电商领域，他们不只销售产品，而且精通各种商业模式与营销手段，将传销机制引入了微电商之中。一时间，微信朋友圈内被卖面膜、保健品的广告持续刷屏，因为其中有些人凭借微电商获得了相当可观的财富，更是让微电商的发展陷入疯狂。

这样发展所带来的后果是微信用户相对私密的社交圈受到了大量广告（多为硬性广告）的冲击，使微信用户体验严重下降，甚至很多人为了避免被这些广告骚扰而屏蔽掉了很多好友。不难发现，微电商的野蛮生长是建立在牺牲微信用户体验的基础之上的。

回 工具化时期

随着订单量的增加，人工处理订单耗费的成本大幅度增加，再加上朋友之间的信任关系在频繁的广告骚扰中已经被透支，微电商遇到了发展瓶颈。于是，部分商家积极发展线下，继续扩大自己的营销网络；还有部分商家则走上工具化发展之路。

随着微店等产品的出现，微电商能够借助各种工具实现规模化及专业化管理，而且成本大幅度降低，效率明显增加。再加上因为逐渐认识到这种发展势头的微电商未来有可能会成为自己的直接竞争对手，淘宝选择屏蔽微信，微电商的第三方平台由此进入快速发展阶段，包括有赞、微店在内的移动网店工具开始大量涌现。

微信官方上线了微店，但其为了实现标准化只提供一些相对简单的功能，商家需要在此基础上实现深度开发。不过微信官方掌握着电商数据的入口，如果未来时机成熟，也有可能实现封闭化，以使自身成为移动电商的核心。

进入工具化阶段后，腾讯旗下或者和腾讯具有战略合作关系的平台在移动端的布局开始逐渐完善，例如，与微信建立长期合作关系的京东，在微信的"发现"页面处设置了一级菜单，当时的淘宝则是因为 PC 端的属性太过严重，在移动端发展显得有些滞后。

因为微信用户对微电商的新鲜感逐渐消失，微电商的发展速度有所下降，野蛮生长期基本结束，不过微信支付的便利性与第三方工具的强大功能也让微电商具备了良好的发展前景。微电商的流量变得更为垂直、精准，商家需要在产品与服务质量方面进一步优化。微电商创业成为一种潮流，部分对微电商有着深入研究的个体及组织开始举办讲座、沙龙、培训等相关活动，从而使微电商的产品开发、营销推广及管理运营等更为专业。

回 大整合时期

大整合时期主要是指跨终端、跨平台、跨场景的产品管理、营销模式与支付交易的高度整合，NFC（Near Field Communication，近场通信）、支付宝、微信支付等支付手段的多元化使各种支付场景大量涌现，尤其是二维码扫描付款的存在，使无论是线上还是线下的交易都变得高效便捷。支付场景的丰富使微电商的含义变得更为丰富，线下商家也开始进入其中，O2O 玩法在微电商领域也得到了应用。

如今，与微电商相关的负面文章在社交媒体的传播下给微电商的发展蒙上了一层阴影，这有可能会促使微信官方推出白名单功能。对微电商创业的平台选择、资源整合能力、客户关系维护等提出了较大的挑战，单打独斗很难具备较强的生命力。

对商家而言，微电商整合期的最大阻力源于购物安全与信用机制。在这个时期，整个微电商生态将会发生改变，而且，媒体的舆论对于微电商的发展也会产生一定的影响，央视新闻曝光微信朋友圈中的假面膜等类似事件会让微信好友的推荐变得越来越无力。

部分用户为了节省时间成本，在微电商购物过程中，选择通过微信私聊的方式进行交易，也就是业内人士常说的私单交易。这种情况下，如果与之交易的是微信群内的陌生人商家，当产品出现问题时，用户的合法权益将很难得到保护，而且在这种私聊模式下，微信官方与监管机构都很难充分发挥监管作用。

私单交易冲击了微信的熟人关系链，虽然当个体的私单交易达到一定规模时，微信系统能够很快检测出来，但微信官方很难直接介入好友间的交易，而为了解决这一问题，微信可能会复制在 QQ 中采用的消息关键词提醒的做法。毋庸置疑的是，微信平台政策的变化会对用户的消费习惯产生深远影响。

4.3.4 实战路径：如何掘金社群微电商之路

在粉丝经济持续火热的情况下，社群电商的关注度水涨船高。粉丝经济强调商家拥有一定规模的粉丝，而粉丝的积累需要依靠产品具备某种特性或者运营者本身具备较强的魅力，这听起来是一件困难的事情，那些小微创业者是否具备资格？如果具备，又应该如何实施呢？

网红明星由于本身具备强大的粉丝凝聚力，众人认为其应该能在社群电商中释放出巨大的能量。但事实恐怕并非如此，电子商务在今天能够仍然保持如此之高的热度，很大程度上是因为它具备着十分丰富的产品品类。在如今人们的消费需求愈发个性化的背景下，低频长尾需求亦能为商家创造客观的利润，而这正是那些海量小微玩家切入社群电商的关键所在。

社群电商确实要求产品具备某种特质或者个体具有较强的魅力，从而吸引足够的粉丝。但如果小微创业者能够真心实意地做这件事，虽然可能无法像网红明星一般获得巨额的财富，收入也能相当可观。以某手工皮制产品微电商团队为例，整个团队仅有 5 个人，提供的产品是纯手工加工的钱包、腰带等皮制产品，虽然产品出货较慢、价格相对较高，但由于产品品质较高，对目标群体的定位清晰，也积累了很多忠实消费者。

有些人可能认为通过社交媒体开展营销推广的电商就是社群电商，这是一个相当错误的观点。确实，成功的社会化营销能够促进产品销量与品牌影响力有效提升，但经过多次传播后，那些参与者更多的是持看热闹的心态。而社群电商要求能够沉淀出忠实的粉丝，粉丝的规模可能有所差异，但商家需要全身心地为粉丝创造价值。

没有形成统一的文化、价值观的电商根本不是社群电商，社群电商需要参与其中的粉丝们找到认同感与归属感，让手工艺群体聚集起来的 Etsy 就属于一种典型的社群电商，国内也出现了与之相似的趣玩网。将传统电商玩法中使用的社会化营销称之为社群电商，只不过是一种玩概念的行为。

经过时间的沉淀后，一切将会回归本质。微电商的疯狂和淘宝的初期发展阶段的情况十分相似，最终我们有可能会发现那些所谓的电商培训机构的讲师们可能从来没有做过电商，他们十分擅长用类似小米的成功案例给培训者无限的遐想，但你很快会发现这其中的谎言色彩有多么严重。

无论何种形式的电商，其实都脱离不了卖货的范畴，供应链管理、营销推广、交易支付、用户关系维护等是其中最基本的要素。在科学技术快速发展的当下，很多的软件开发商推动着微电商的工具化与信息化程度不断加深，为未来微电商的发展带来了新的希望。具体来看，想要通过微电商掘金的个体与企业需要做好以下几点。

（1）打动消费者

PC时代，电商营销渠道更多地被淘宝、天猫及京东等电商巨头所掌控。而进入移动互联网时代后，移动电商APP尚未培养出用户移动电商搜索习惯，也就是说，在移动电商中，电商平台的掌控力相对较弱，如果商家能够从产品品质、营销内容、服务体验等方面出发，真正打动消费者，从而激发他们的购买欲，就能够创造大量的价值。

（2）品类制胜

品类的选择无疑对商家的发展有十分关键的影响，有些品类本身的发展势头较好，选择切入其中的商家即便没有明显优势，但借着红利期同样能够获取可观的回报。以生鲜电商为例，如今生鲜电商的发展十分火热，而且淘宝、京东等电商平台为了获取新流量而积极实施渠道下沉战略，进军农村市场，再加上冷链物流技术与基础设施的不断完善，生鲜电商将会迎来一段黄金发展期。

（3）注重精神消费

在追求娱乐化与个性化的80后与90后渐成消费主体的背景下，人们对产品的功能及价格因素的关注度有所下降，购买产品时，更加倾向于选择那些符合自己价值观的产品。能够针对这些特定的目标群体来提供产品或服务，不失为微电商创业者掘金的一种有效方式。

（4）人货合一

以前，传统电商卖家往往借助刷订单、刷信用等级等方式来吸引流量，而如今要想获得消费者的认可，不但需要精准定位目标群体，还需要为其提供高品质并满足其精神需求的商品。只有实现人货合一，才能让自身的产品及品牌保持旺盛的生命力。

第 5 章

内容电商：

基于内容和社交的消费大变革

5.1 内容消费：消费升级驱动传统电商自我进化

5.1.1 内容电商：搭建内容与产品的连接

内容电商凭借较低的引流成本与较高的转化率，赢得了企业界的高度认可。通过阅读公众号推送内容、观看视频直播，帮助自己更为科学合理地制定消费决策，已经成为一种主流趋势。为了提升用户黏性与转化率，电商平台纷纷开辟内容版块；而内容平台为了完成价值变现，也纷纷发力电商。

得益于内容的多元化，内容电商的形式也十分丰富，文本、图片、音频、视频等都可以用来向目标群体推荐产品；社交媒体、视频网站、音频平台、直播平台等都可以成为内容电商的推广渠道。

在内容电商模式中，人们的购物行为和购买行为被割裂。多数情况下，人们前往银座、大润发等购物中心逛街，或者登录天猫、京东等电商平台浏览自己需求的商品的同时，也会购买符合自己需求的商品，也就是在购物的过程中，完成了购买。但内容电商模式并非如此，人们没有购物的意愿，而是被自媒体推荐的文章或者视频内容刺激而消费。

不难想象，与在购物过程中阅读商家的推广信息相比，人们在非购物过程中阅读营销信息时的心态、决策方式等会有明显差异。

内容电商能够弱化价格因素，尤其适用于推广那些客单价较高的中高端长尾产品，而且由于消费者对内容有较高的黏性，当这种产品与内容建立连接后，会拥有较高的复购率。不过，内容电商也存在着一定的不足。

（1）内容电商必须长期投入大量的人力、物力，才能沉淀大量的忠实粉丝，从而完成价值变现。

（2）为了不影响内容产品的阅读体验，推荐产品的数量会受到明显限制，而且由于内容产品存在着特定的受众群体，所以内容电商的流量也会存在一定的天花板。

（3）做一款成功的内容产品是颇为困难的事情，而确保内容产品长期有较高的质量更加困难，当内容的质量下滑时，很容易造成粉丝流失，电商变现自然也会受阻。

当我们在购物中心或者电商平台中浏览商品时，通常有着明确的目的，即要购买特定的商品。这种购物心态会驱使我们主动搜索相关信息，对我们想要购买的产品存在密切关联的信息有较高的关注度，并使我们忽略其他信息。

而在内容电商中，我们是在阅读自己关注的某位达人创作的一篇文章或者观看喜欢的主播进行的直播时，发现了他们为我们推荐的商品信息，如电竞直播为我们推荐了一款操作性更强的键盘等，此时，我们是在被动接受营销内容。

这种情况下，我们对营销内容的接受程度明显更高，因为在主动搜索信息时，我们会忽略那些与自己目标无关的内容。内容电商有着以下几点特征。

★和普通电商相比，内容电商尤其适合销售个性化产品。

★在内容电商模式中，价格、功能等基本因素在消费决策中的影响明显降低，而文化内涵、价值观等情感因素会成为主导因素，高溢价能力的情怀产品容易给商家带来丰厚的利润回报。

★在内容电商模式中，消费者对商品的缺陷更加宽容，商品的亮点在情感因素的影响下会被进一步放大。

★由于在内容电商模式中，消费者被动接受营销内容，感性消费占主导，所以会更容易接受中高端产品、新奇产品、享乐型产品。

5.1.2 内容消费：内容电商平台的主要类型

经过多年的高速增长，我国电商产业也迎来了瓶颈期，获客成本过高、用户黏性缺乏等问题日益突出。为了打破当前的发展困境，一些时代弄潮儿试水内容电商，部分企业也取得了相当良好的效果。那么，在新消费时代，如何才能做好内容电商呢？

内容电商强调通过优质内容吸引消费者，为消费者提供情感与精神层面的享受，然后借助电商完成价值变现。布局内容电商的玩家可以分为两大类：内容从业者与电商从业者。

从价值变现的角度看，内容更多的是一种载体、一种引流渠道，最终的目的始终是为了寻求价值变现。虽然内容平台存在广告、打赏、订阅、电商等多种变现方式，但整体盈利情况仍十分堪忧。

在免费思维的影响下，打赏及订阅很难为平台创造足够的收益；广告作为内容平台应用最为普遍的变现形式，是大部分内容平台目前的主要利润来源，但也存在着缺乏持续性、影响用户体验等短板。所以，电商在内容平台价值变现过程中扮演的角色就显得尤为关键。

80 后及 90 后群体的崛起使得文娱产业迎来爆发式增长，围绕优质 IP 资源开发小说、动漫、电影、电视剧、定制产品及衍生周边等一系列产品成为主流发展趋势，从而为内容电商的发展打下了坚实的基础。

和传统电商平台解决用户在哪里买、如何以更低的价格购买等需求所不同的是，内容电商平台是引导并挖掘用户需求，通过向人们传递生活理念及消费价值观来激发人们对高溢价产品的购买欲，帮助人们制定更为科学合理的消费决策。整体来看，内容电商可以分为以下 3 种类型，如图 5-1 所示。

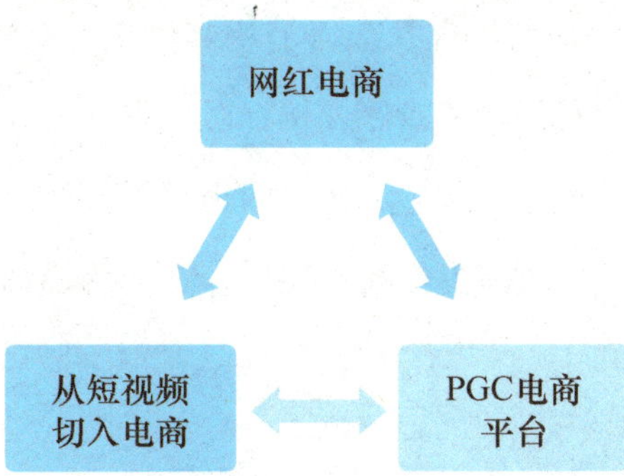

图 5-1 内容电商的 3 种主要类型

回 网红电商

以张大奕、艾克里里为代表的优质内容生产者通过微博、微信等社交媒体积累了海量粉丝，然后开设淘宝店铺完成价值变现。以张大奕为例，2016 年“双 11”开场还不到 4 分钟，张大奕的淘宝店铺“吾欢喜的衣橱”（店铺拥有 400 万粉丝）就成为全平台（包括天猫和淘宝）女装类目交易额排行榜榜首，虽然后续因为备货量不足而跌出前十，但其强大的价值创造能力已经得到充分体现。

回 PGC 电商平台

这类电商平台完成价值变现的关键在于为用户的消费决策提供指导及帮助。平台内存在大量的文本、图片、视频等各种形式的购物指南，可以帮助用户降低购物时间成本，提升决策科学性。

回 从短视频切入电商

以日食记为例，日食记在每集视频中会为用户做一道美食，其制作的点心与料理尤其受粉丝喜爱。在视频内容中，日食记会向粉丝推荐厨房用品及小龙虾等食材。截至 2017 年 3 月底，日食记官方微博粉丝规模已经超过了 800 万人。

和传统电商相比，内容电商的最大优势在于，它通过优质内容低成本、高效率地引入大量精准流量。不过，销售的产品和内容之间必须有一定的关联才能确保有较高的转化率。

和普通的图文信息相比，短视频和视频直播更具视觉冲击力，能够为人们提供更为全面的信息，从而更容易赢得消费者信任，有效提升转化率。当然，有的产品并不适合采用视频形式营销，选择图文形式效果更佳。在内容电商这种新玩法中，企业可以通过持续生产优质内容吸引并沉淀粉丝，以互动交流引导消费需求、为用户消费决策提供有效指导，在为用户创造价值的同时，也能为自身带来丰厚的利润回报。

5.1.3 消费升级：内容电商崛起的内在逻辑

内容电商指通过编辑、输出内容，向用户传递知识的同时引导用户消费，从中获取利润的一种电商类型。从源头来看，内容电商起源于消费者在电商网站上的各种社交行为，如咨询、评论等。

内容电商与早期的美丽说、蘑菇街有很大的不同，美丽说、蘑菇街提供的内容多是简单的图文信息或者买手导购，而内容电商提供的内容则是目的明确、主题清晰的大篇幅阅读内容，其中，某些内容与门户网站或者社交网站上的深度阅读内容非常相似。从形式上看，内容电商的形式很多，有 PC 网站、APP、微博账号、微信公众号等诸多形式。

随着商品消费的升级发展，消费者对商品的要求愈发细化，产生了诸多选择障碍。例如，对于同一类商品，消费者在决策之前要对各个品牌进行对比，希望找到一款质量最好、价格最低、设计最合心意的商品；对于同一件商品，消费者要对比实体店铺与网店的差异，挖掘最新的商品折扣信息，等等。在这种情况下，内容电商应运而生，针对消费痛点提供了有效的解决方案。

淘宝、京东等电商平台针对商品种类少、商品价格高、区域物流限制等问题为消费者提供了解决方案，淘宝头条、买买菌等内容电商则针对决策问题为消费者提供了解决方案。在此之前，一些 3C 产品网站、汽车论坛早已聚集了大批深度用户，这些用户通过亲测、发帖介绍产品，对他人的消费决策产生影响。但是这些内容是用户自发生产的，缺乏组织性、系统性，难以对消费者的购物决策产生深远影响。

除消费升级之外，海淘、品牌建设的发展也对我国内容电商的崛起产生了一定的影响。一直以来，受关税影响，国外商品进入国内之后其价格会成倍增加。在海淘出现之后，消费者越来越倾向于从海外直接购买商品，因为同一款商品，海淘价格与运费叠加之后的商品价格比国内的商品售价低很多。但对于很多用户来说，受外语水平、商品转运流程等条件的限制，海淘需求难以得到满足。

在这种情况下，内容电商的兴起为普通用户提供商品介绍、海淘攻略等内容，既普及了海淘知识，又降低了海淘门槛，产生了交易，为网站带来了利润。同时，内容电商还为刚入门的品牌消费者、海淘消费者提供了有效的指导。

内容电商与互联网广告不同，前者提供的内容更加客观、公允、可读性强、时效性强。受这些特点的影响，有些品牌甚至选择用内容电商模式发布新品。

从归属性方面来看，内容电商提供的内容具有独家性，其中有些内容出自专门的编辑之手，有些内容则来自资深的消费者。对于为平台撰稿的消费者来说，为电商平台提供内容不仅能获得认同感，还能获得一些购物优惠券、销售分成等实质性的回报。

因为内容电商提供的内容与实际消费信息密切相关，所以其信息非常敏感，与媒体直播或者滚动新闻非常相似，往往涉及商品价格变化、优惠政策持续时长、区域供货情况等信息。

个人作者获取这些信息较为困难，他们能很好地生成文字，却难以保证文字的热度，所以内容电商的信息更新维护工作通常由网站负责。因此，内容电商的内容生产者由两部分组成：一部分是个人作者，另一部分是网站。前者决定内容题材与内容的表现形式，后者负责对内容进行核实、追踪与反馈。

淘宝的内容发布平台于 2015 年 9 月 14 日正式对外开放，意味着淘宝正式进入内容电商领域。在内容电商方面，淘宝有先天优势。首先，淘宝掌握着后台库存、促销等数据，非常容易就能对内容进行核实、追踪与反馈；其次，淘宝的网红模式已经形成，积聚了一大批优秀的内容生产者，能源源不断地生产高质量内容；最后，网红撰稿更容易对消费决策产生影响，引导消费。

5.1.4 盈利模式：实现平台与个人商业变现

内容电商的盈利由两部分组成：一是作者盈利，二是网站盈利。

作者盈利方式有两种：一种是直接获得稿费报酬，另一种是参与交易分成。内容电商的作者与传统的广告文案不同，其内容生产行为主要源于个人兴趣或交流需求，内容比较切合实际，带有明显的个人色彩。

为了鼓励这部分个人作者持续生产内容，内容电商要为其提供一定的报酬。如淘宝宣布要在 3 年内为优秀的内容生产者或机构支付 20 亿元等。再加上内容电商提供的内容本就具有广告效应，能引导消费，平台按效果为作者支付报酬也理所当然。

在此之前，阿里巴巴就通过各种返利网站，如阿里妈妈、淘点点等鼓励机构向社会推送交易，并根据交易额分成。在淘宝进入内容电商领域之后，这种分成模式或将从按导购分成转变为按点击分成。在按导购分成模式下，交易推广者按交易比例分得卖家提前设置的推广佣金；在按点击分成模式下，内容生产者根据文章的点击次数获取 70% 的佣金。

除淘宝之外，大部分内容电商都是凭借内容输出与网址链接推送获取利润，这些内容电商的盈利模式主要有 3 种：交易分成、品牌合作与辅助交易佣金。交易分成不必细说，下面对品牌合作、辅助交易佣金这两种方式进行详解。

回 品牌合作

随着电商的发展与成熟，很多新产品，特别是 3C 类产品都喜欢在线上发布、销售。内容电商在积聚了一定的人气之后，可以与品牌合作，为其提供产品发布、销售等服务，从中获取佣金或分成，以实现盈利。例如，内容电商“什么值得买”接手魅族手机的新品发布与销售工作，从中获利。

回 辅助交易佣金

内容电商不仅可以从线上交易中获利，还可以从线下物流、售后等环节获利。因为长期为消费者普及商品知识，提供购买咨询服务，内容电商积聚了一批忠诚度较高的消费者。在海淘等需要一定知识与技巧的购物活动中，内容电商可以凭借消费者对自己的信任为其提供海外下单、转运服务，从中收取佣金。另外，如果内容电商有较强的实力，还可以在海外注册公司，设立仓库，注资跨境物流，从中获取收益。

5.2 崛起 VS 迭代：揭秘内容电商的“玩家群像”

5.2.1 美丽说 VS 蘑菇街：开启内容电商时代

在当今时代，内容创业已不是什么新鲜词汇。很多企业或者自媒体已利用微信公众号赚得盆丰钵满，特别是一些专注于垂直内容的电商，其发展势头强劲，数量也越来越多。尤其在进入移动直播时代以来，越来越多的网红将直播平台视为产品销售之所，依靠直播销售产品，将内容电商推上了一个新高度。

面对内容电商的崛起与发展，阿里巴巴、京东等传统电商巨头深感压力。为应对内容电商所带来的威胁，阿里巴巴先后推出淘宝头条与淘宝直播；京东商城与今日头条签订战略合作协议，在营销与内容变现领域展开全面合作，并为头条自媒体的电商变现提供帮助。

另外，阿里巴巴在淘宝头条与淘宝直播之外，还在UC订阅号附加了商品推广功能，将淘宝、天猫、阿里妈妈三大平台上的商品资源连接在一起，以卡片的形式将商品信息添加在内容中，交易若能达成，内容创业者将获得70%的佣金分成。同时，UC订阅号还在端内实现了一键授权与登录，为用户提供一站式购物体验，以期打造首个自媒体人的“双11”。

事实上，加入内容电商大战的企业不只阿里巴巴和京东，还有蘑菇街、网易考拉等。其中，蘑菇街为培养直播网红，开展网红经纪业务投资3亿元人民币；网易考拉等跨境电商引入直播，推出了直播电商战略。另外，还有很多移动资讯平台、直播平台也加入了内容电商大战，使内容电商革命不得不加速前进。

以内容为基础的产品销售早在电商出现之前就已流行多年，其表现形式主要是电视购物、杂志购物等。发展至今，内容电商的本质没有丝毫改变，发生改变的仅是媒介而已，从电商购物到直播平台，从杂志购物到以今日头条、微信公众号等为代表的资讯内容平台。

在国人心目中，电视购物就是夸大宣传、高价低质、虚假销售的代名词，很多人都对电视购物的印象不佳。但是对于美国、日本等国家的消费者来说，电视购物是非常重要的一条商品购买渠道。

以美国最大的电视购物公司QVC为例，这家公司成立第一年（1986年），营业额就超过了1亿美元；到2013年，其营业额已达127亿美元，并开始进军德国、意大利、中国、日本等海外市场。

电视购物这种内容销售的基础是视频，杂志、报纸等内容销售的基础则是文字、图片。一些定位高端人群的时尚购物杂志，即便到杂志不流行、销量下降的今天，也有很多消费者通过其推荐的渠道来购买产品。

电视购物、杂志购物的流行史告诉我们一个道理：内容电商具有很大的可行性。

随着美国图片分享平台（Pinterest）的流行与火爆，国内也出现了图片分享风潮。在阿里巴巴淘宝客推广实现对外开放之后，图片分享与淘宝客相结合催生了一种新型的商业形态——购物分享。一时间，美丽说、蘑菇街等购物分享平台纷纷涌现，吸引了众多创业者进入，拉开了购物分享大战的序幕。

这些购物分享平台的出现给那些喜欢穿衣搭配的买家提供了用武之地，这些买家将自己的购物心得分享在这些平台上，如果有其他的用户购买该商品，还能得到分成。在这种种好处的吸引下，越来越多的购物达人在这些购物分享平台聚集。同时，一些淘宝卖家也开始在这些平台分享自己的商品，于是，蘑菇街、美丽说这些购物分享平台就演变成了购物达人们的聚集之所。

5.2.2 微信公众号：自媒体时代的内容红利

微信推动内容电商的发展分两步进行。**第一步，微商涌现。**在微信出现之后，很多用户在自己的朋友圈分享产品来引导用户购买，产品分享者被称为微商。随后，微信公众号借鉴了这种方式，并将其发扬光大。**第二步，部分微信公众号推出了微店，一系列第三方微店平台崛起，如有赞、微店等。**借助微商，罗辑思维等微信大号率先实现了公众号商业化，为其他的内容创业者做出了很好的示范。

微商的兴起给阿里巴巴带来了严重的威胁，为此，阿里巴巴采取了一系列应对措施：收购微博、封杀微信入口、推出微淘，直面微信的挑战，与其展开直接竞争。在阿里巴巴一系列动作的冲击下，微商不仅没有受到打压，反而日益火爆，甚至出现了全民微商的趋势。

但是，随着介入微商的微信公众号数量日益增多，微商显现出来一系列问题，如虚假繁荣等，其典型案例就是微信大号刷量事件。当然，除此之外，微信公众号面临的问题还有很多。

现如今，微信公众号的数量越来越多，并且以每天数万的数量增长，用户面对数量庞大的公众号已经没有了新鲜感，微信公众号增加粉丝的难度越来越大，成本也越来越高。以某公众号为例，2015 年开通广点通之后，该公众号增加一个粉丝的成本大约为 3 ～ 5 元，但到了 2016 年，增加一个粉丝的成本已增至 10 ～ 15 元，甚至有时增加一个粉丝的成本达到 20 元。

尽管如此，为了增加粉丝，开通广点通的企业却越来越多，因为这是目前微信公众号增加粉丝最快、最有效的方法。在这种趋势下，广点通竞价排名的广告费也越来越高，甚至超过了很多微信公众号所能承受的极限。因此，对于很多微信公众号来说，通过广点通增加粉丝的方法已不再适用。

随着微信公众号数量的增加，用户关注的微信公众号数量也在增加，其结果就是微信公众号的打开率逐渐下降。目前，一名微信用户关注十几个、几十个微信公众号，一周内一个都不打开看的现象早已稀松平常，即便是罗辑思维这样的微信大号也难以脱离这种境况。

公众号的打开率日益下降，为了保持粉丝的活跃度，罗辑思维等微信大号不得不借助广点通广告来增加新粉丝，这就是为何现在一个粉丝过千万的公众号，其文章的阅读量与转发量尚不能与过去粉丝百万的公众号相较。当然，这种现象的出现还与现在微信公众号的内容多为电商广告有关。

伴随微信公众号数量增多，内容同质化现象越来越严重，这已成为微信公众号面临的共同问题。在过去，微信公众号能凭借一篇创新性的文章使其阅读量破十万，但在今天，这种想法的落实已变得异常困难。

现如今，很多微信公众号都在做同一件事——抄袭，将别人的内容拿来修改之后当作自己的内容发布出去，自己的内容被别人拿走、修改、发布。这样做的结果就是原创的内容越来越少，粉丝打开一篇文章就会有似曾相识的感觉，长此以往，即便粉丝的忠诚度再高，也终将流失。

虽然微信的红利期已悄然逝去，但对于电商、资讯、直播等行业来说，微商带给它们一个信号：内容电商正在成为一种新趋势。

5.2.3　阿里 VS 京东：电商巨头的新流量入口

在内容电商逐渐逼近的大趋势下，阿里巴巴、京东开始推行全面内容化策略，文字内容、视频直播两手抓。

2015 年，淘宝头条正式上线；2016 年 5 月，淘宝又推出了淘宝直播，让用户可以边看边买；紧接着，2016 年 8 月 23 日，阿里巴巴旗下的 UC 浏览器成功升级成为大数据新型媒体平台，随后就在自媒体内测其商品推广功能。以 UC 为代表，阿里巴巴的内容生态构建工程正式起航。

在阿里巴巴布局内容生态的同时，京东商城也不甘其后。2016 年 9 月，京东宣称要打造一个自媒体平台“京东号”来与 UC 订阅号抗衡，或许是因为自身的内容流量不足，“京东号”计划搁置；9 月 27 日，京东与今日头条达成战略合作协议，共同布局内容电商。

在淘宝网、京东两大电商平台全面内容化之后，以花椒、YY、斗鱼为代表的直播平台也开始涉足电商购物。在这种形势下，内容电商将呈现出怎样的发展格局呢？

在移动资讯市场，未来，整个市场将被微商、“阿里巴巴 +UC”“京东 + 今日头条”分割，呈现出三足鼎立之势。

虽然现阶段微商的红利期已经过去，但是以微信公众号为基础建立起来的内容电商依然占据了不可动摇的地位，在内容电商领域，微商仍是一股重要力量，是以微商会占据一角。另外，为了打造独属于自己的自媒体生态，今日头条、UC 都在努力构建自己的内容电商，未来，该领域或将吸引百度百家号、腾讯企鹅号、一点资讯、新浪、搜狐等平台进入。但是，从目前的发展形势看，京东与今日头条、UC 与淘宝这两大组合无人能敌，所以，除微商之外，这两大组合在该市场上各占一角。

从战略优势角度讲，相较于其他移动资讯平台，今日头条与 UC 已先行一步，取得领先优势，并分别与京东商城、淘宝天猫形成战略合作，在抢占市场方面不仅有时间优势，还有资源优势，市场领先地位已成为它们的囊中之物。

从电商资源方面看，UC、淘宝、天猫同属于阿里巴巴，相较于其他平台，这三者之间的合作更加紧密，合作破裂的风险极低。在淘宝与天猫强大电商优势与庞大商家资源的支持下，UC 所占的优势已不言而喻。另外，今日头条与京东虽相互独立，但二者的实力都非常强大，达成战略合作关系之后，今日头条自然也能得到京东强有力的支持。但在这之后的其他移动资讯平台，要想再找到淘宝、天猫、京东这种实力强大的合作伙伴已非易事，所以从电商资源方面来看，今日头条、UC 也占据优势地位。

从流量入口与自媒体资源方面看，虽然相较于微信公众号来说，今日头条、UC 订阅号所拥有的自媒体数量还较少，但其增长速度非常快。UC 订阅号进入自媒体大盘不到半年，其自媒体数量就突破了 3 万；UC 头条、今日头条的日活跃用户数量也已超过 4000 万，流量入口优势已非常明显。

所以，无论是从战略优势角度，还是从电商资源、流量入口、自媒体资源等方面，今日头条与京东、阿里巴巴与 UC 都已在移动资讯内容电商市场上占据了领先地位。并且，相较于微信公众号，这两个组合的开放度更高，因此，未来这两个组合或将反超微商，在移动资讯内容电商领域占据绝对领先地位。

5.2.4　自媒体创业者：打造内容电商三部曲

现阶段，各电商平台的同质化现象愈发严重，要想获得更多用户流量，实现流量转化，必须打造差异化的内容。在这种情况下，内容电商是大势所趋。

对于错过微信红利期的自媒体创业者来说，现阶段，他们可以利用今日头条、UC 头条、淘宝直播等平台将内容电商创业的梦想落到实处。在内容电商崛起的大背景下，自媒体创业者要想抓住机遇，还需做好 3 件事，如图 5-2 所示。

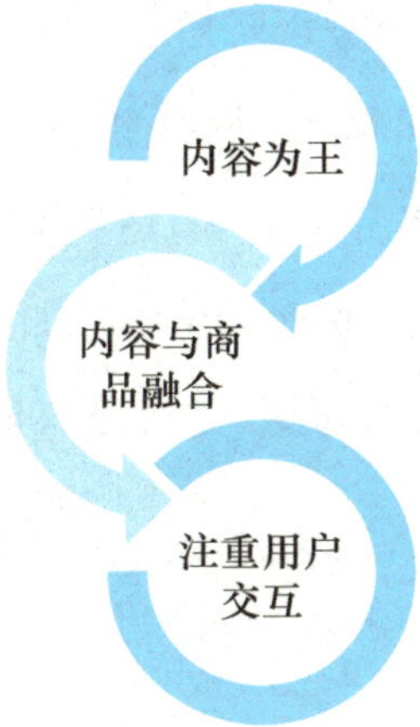

图 5-2 自媒体内容电商的三大策略

回 内容为王

内容是内容电商的基础，所以，无论自媒体创业者是在 UC、今日头条发布文字内容，还是在淘宝直播等平台发布视频内容，要想吸引用户，就必须保证内容优质、有趣、吸引人。为此，自媒体创业者要打造差异化内容，做好内容的打磨工作，为内容电商打好基础。

回 内容与商品融合

对部分自媒体来说，今日头条、UC 头条、直播平台只是一个广告窗口而已，其传播的内容与推荐的商品关系并不紧密，使商品转化率深受影响。为避免这种情况出现，自媒体要将内容与商品信息紧密结合在一起，提升商品的转化率。

回 注重用户交互

对于自媒体推荐的商品，有的用户会提出质疑，并将疑问以留言或评论的形式表达出来。自媒体创业者要重视这些留言与评论，耐心回复，为用户答疑解惑，提高用户信任度，给用户带来更优质的消费体验。

虽然早在电视购物、杂志购物时代，以内容为基础的商品销售就早已存在，但在电商发展初期并没有显露足迹、形成趋势。进入全民自媒体时代之后，内容电商终于有了用武之地，并让传统电商巨头，如阿里巴巴、京东等感受到了压力与威胁。面对这种情况，阿里巴巴与京东并没有选择抵抗与逃避，反而采取一系列措施努力与内容电商相融合，例如，阿里巴巴推出淘宝头条、淘宝直播、UC 内容店铺，京东与今日头条合作共同打造自媒体电商，等等。

受阿里巴巴、京东两个电商巨头的影响，加入内容电商大战的电商平台、直播平台、移动资讯平台会越来越多。对于自媒体创业者来说，这将是一个新的创业机遇。

5.3 内容创业：知识经济时代的内容运营与变现

5.3.1 内容创业：知识经济时代的价值变现

近两年，知识经济成为业内人士的关注焦点，这主要得益于罗辑思维、分答、知乎 Live 等平台的迅猛发展，在内容创业兴起后，内容电商也呈现蓬勃发展姿态，这使当前从事内容创业的人们对该领域的发展前景充满信心，也使内容电商变现的发展之路更为广阔。

尽管很多内容创业者都通过内容电商的运营获取利润，但经过分析不难发现，目前的内容电商并没有多大的开发空间，其最根本的原因主要是能够通过电商化运营进行商业转化的内容十分有限，且在服务提供方式方面多采用线上线下一体化的运营模式，导致总体市场规模难以持续扩张。

之所以会出现这种情况，很大程度上是因为现阶段下，内容提供者在优质内容创作方面还有待发展，无法持续输出优质内容，而利用微信等媒体平台盲目通过“刷”的方式提高自己的阅读量。

目前，内容电商采取的商业模式主要分为两类。

第一，将内容作为商品为消费者提供服务，在这方面具有代表性的是内容

付费模式，即以内容为核心展开运营，并与读者达成交易关系，具体例子有李翔商业内参推出的付费内容、罗辑思维实施的会员收费制度等。

第二，通过内容输出进行流量积累，或者向用户传递平台的核心价值，对消费者的行为进行引导，借助电商运营达到变现的目的，即通过内容输出为电商平台导流。

在第一种模式下，运营方将内容作为商品提供给消费者，需要在素材方面下功夫，其输出的信息需含有人格化特征，多为经验总结，并体现内容创作者的观点，也可以通过短视频直播等方式使用户产生沉浸感。与普通类型的新闻信息相比，这类经验性信息的体量毕竟有限，换个角度说，那些从事物发展过程中总结出的适用规律，尤其是能对用户的日常行为做出指导的知识并不多，所以在内容运营过程中，可以作为商品直接交易的素材内容十分有限。

不仅如此，掌握这些知识并能够凭借经验类知识并通过内容输出与用户交易的人仅为极少数，以此为核心开展的内容运营也难以进行市场空间的进一步拓展。

事实上，能够对用户产生指导价值的内容并不多，而对于内容提供者来说，不仅要将质朴的经验总结以用户更容易接受的方法体现出来，还要充分发挥其指导作用。为此，内容提供者一般采用如下两种方法，其中一种是对简单的知识进行包装，像很多咨询机构后来提供顾问服务，先为客户铺列当前社会上存在的许多现象，并指出其以往的发展方式中存在的诸多问题，之后再回归到本质层面，只是为了让自己的经验看上去更复杂而深邃。

有些商家通过线下的体验式教学进行变现，具体形式有线下教育、场景教学、现场案例教学等，在这期间，服务提供方会应用诸多辅助工具实现最终目标，如引用教育流程设计、辅助器材、辅助沟通技巧等。在很多情况下，服务提供方对辅助工具的依赖甚至要大于知识经验的提供，而真正为商家带来利润的也并非其输出的内容，而是他们所用的辅助工具。

由此可见，内容提供商确实能够通过知识经济达到变现目的，其中，内容电商能够直接有效地挖掘知识及经验的商业价值，然而经验类信息内容的数量较少，且需要具备人格化特征，符合线上、线下一体化运营的需求。要采用这种方式进行商业转化，其潜力难以挖掘，而且很容易遭遇瓶颈，难以突破。

为了进行市场开发，很多企业将知识经济的范围进一步拓宽，借助顾问咨询、培训、内容电商等方式来进行内容扩充，不断增加辅助内容，使知识经验表现出来的形式远远超过其包含的本质，不仅无法更好地发挥知识经济的指导作用，还导致人们为此投入大量时间及精力资源。而且，由于包装过度，企业很难达到内容传播的理想效果，内容本身发挥的作用也十分有限，反而造成了人力、时间及精力成本的浪费。

知识经济时代的脚步越来越近，虽然内容电商是企业在运营过程中进行变现的直接手段，但这种模式只适用于特定类型的内容，开发空间不大，且容易遭遇瓶颈。若企业将其视为主导商业变现模式，很难获得持续性发展，不如在时机恰当时用该模式辅助变现。

5.3.2 电商化运营：内容创业者的变现机会

2016 年 9 月 27 日，京东与今日头条宣布达成全面战略合作，联合启动“京条计划”。在此计划实施下，入驻京东平台的商家会在今日头条进行信息推广，今日头条与京东会实现用户数据资源的共享，京东能够获得来源于今日头条收集的用户行为数据及其阅读习惯，并可掌握今日头条应用大数据技术分析出来的用户消费需求。

与此同时，今日头条则可获得来源于京东的用户消费数据，以及京东应用大数据技术分析出来的用户消费习惯及其行为特征，据此进行精准化推送，实现内容与消费之间的连接。

在今日头条与京东的合作中，今日头条负责承载内容流量，能够通过内容输出及广告投放为电商平台导流，用户通过链接方式进入京东平台，进行购物并完成交易，商家则按效果付费，以点击量或销售业绩为标准与内容平台合作，这也是内容电商模式的 3 种具体形式。

淘宝头条是阿里巴巴集团旗下生活消费资讯媒体聚拢平台，能够将淘宝生态体系中的内容数据、用户信息、商品数据汇集到一起，通过淘宝头条的运营，将内容输出效果转化为电商流量。淘宝头条于 2016 年 7 月 1 日启动“城市斑马计划”，促成阿里与当地优质内容生产者的合作，为内容变现提供平台支持。

实力型电商企业独立打造或通过联合方式推出内容流量平台，为电商运营提供流量支持，实现内容电商变现的原因是什么？这类企业遵循的发展规律有以下几点。

回 流量红利期已过，电商企业难以找到流量转化入口

以京东、淘宝为代表的电商平台，尽管在长期发展过程中建立起自己的平台优势，并拥有较高的品牌知名度，但一直采用传统经营模式的电商平台，对消费群体的吸引力越来越接近饱和状态。

在这种情况下，电商平台为获得持续性发展，不得不依靠第三方引流来发展自身业务。为此，经营者需将用户的其他互联网使用场景与自身运营融为一体，找到两者的结合点，并通过内容流量平台引导用户，通过流量转化来应对外部环境的变化。

回 随着用户消费观念的更新，流量需求的门槛也有所提高

如今的消费者越来越关注个性化需求，而市场上日新月异的商品也使消费者的需求能够得到充分的满足，大众消费者的需求增长速度出现下滑。与此同时，人们的消费水平不断提高，除了基本的产品功能之外，还对消费体验及整个消费过程提出更高的要求。为了适应消费升级的变化，电商平台也越来越关注流量品质。

由于电商平台所处的整体环境不同以往，电商平台为维持自身生存与发展，

只能与内容流量平台达成战略合作关系，实现与用户多元化互联网使用场景的连接，进行信息共享，这也为内容电商的发展起到了推动作用。

但是从电商平台的宏观发展角度分析，与电商平台合作的内容流量平台可以获取流量优势，然而，对比直接进行内容推广而进行流量积累的方式，内容电商需要经过复杂的中间流程才能实现流量积累。不仅如此，因为内容生产缺乏统一的标准，要进行批量生产从而在短时间内实现流量增加并不容易，所以内容电商很难成为电商平台的主导发展模式，总体而言，电商平台从内容电商发展中获得的益处也不多。

换个角度来思考，内容电商的发展受到诸多因素的限制，但作为内容创业变现方式的一种，该模式仍具有较强的可操作性，能够作为一种辅助手段采用。

在知识经济的发展过程中，内容电商是其核心运营模式之一，仅从该模式的属性方面分析，企业可通过内容电商的运营直接进行内容变现，但因为这种模式的体量较小，对内容素材的要求也比较高，而且能够进行内容变现的主体也仅为少数人，具备变现能力的内容也没有太大的开发空间，所以内容电商的规模空间并不大；当内容电商被企业用来进行导流时，这种模式虽然能够为电商平台的发展提供流量支持，并为其提供更多增量流量，但终究只能以辅助身份被企业所用，在短期内还无法成为主导模式。

所以内容创业者要抓住内容电商变现的时机，因为当进军该领域的企业不断增多，并在兴起之后占领市场，新入者就很难跻身市场前列。而当外部市场环境发生变化时，企业还要对现有内容变现方式加以调整，以跟上时代发展的需求。

媒体行业的发展离不开内容生产与运营，内容变现模式的调整则能够反映媒体变现模式的变化，如今，整个互联网商业环境瞬息万变，媒体在整个生态体系中的地位也会产生变化，这也决定了媒体的变现模式并非一成不变。

5.3.3 直播电商：传统电商平台的必争之地

2016 年 5 月，淘宝直播正式上线，上线之初做直播的淘宝卖家就有一千多个，每天直播近 500 场，观看直播内容的用户过千万，并且直播内容涉及的产品品类极广，包括母婴用品、美妆用品、运动健康用品、食品等。

除淘宝平台之外，蘑菇街、网易考拉等平台也都相继推出了直播电商。同时，各主播、企业家也开始借移动直播推销产品。至此，在电商直播市场中，电商巨头、垂直电商、直播平台的混战之势已然形成，未来，行业发展也将呈现三大趋势。

现如今，各大电商平台相继推出直播业务，同时，各直播平台也相继推出电商直播，依照这种情况来看，电商直播化正日渐成为一种常态。未来，继淘宝网、蘑菇街等平台，京东等电商平台或许也会上线直播频道，届时，直播就不再是一种营销手段，反而会与购物车、收藏夹等一样，成为一种服务于电商平台的基础设施，而网红也将成为各大电商平台争夺的重要资源。

回 电商与泛娱乐直播平台合作

网红主播在泛娱乐直播平台上做直播销售产品，无论用户的购买欲望多么强烈，也难以直接到电商平台购买产品，这使转化率深受影响。未来，泛娱乐直播平台一定会与电商平台建立类似于京东与今日头条那样的合作，让用户能在看直播的过程中直接购买。借此形式，一方面，直播平台与主播的收入能大幅增加；另一方面，受现场直播的刺激，用户的购买欲望会非常强烈，电商平台获得流量转化的机会也会大幅增加。

回 纯粹的电商直播平台正在悄然兴起

直播能对消费者的购买欲望产生强烈的刺激作用，鉴于此，一些经济实力雄厚的商家或将打造自己的直播平台，然后以直播平台为基础构建自己的线上电商。未来，这种纯粹的电商直播平台将悄然崛起，在市场上占据一席之地。

在移动直播盛行之前，视频电商就已出现，并为某些平台所应用。2009 年，淘宝与四大视频网站达成合作，开始推行视频购物；2012 年，天猫发布视频购物技术，并于三八妇女节期间上线试用；2014 年，阿里巴巴与优酷土豆合作发布视频，将边看边买的愿望落到了实处。

除阿里巴巴之外，2012 年，京东商城与乐视合作推出电视购物栏目，京东提供商品，乐视播放视频。在视频播放时，与视频播放内容相匹配的这款产品就会在视频播放器上显现出来，有购买意愿的用户就可直接购买。事实上，这种视频电商与传统的电视购物非常相像，只是媒介渠道发生了变化而已。

视频电商在过去的一段时间里没有呈现出火爆之势，其中一个非常重要的原因就是之前视频电商的主要目的是导流，没有在视频网站完成交易。虽然在与观众互动方面，短视频、视频等内容电商不能与直播电商相较，发展速度也非常缓慢。但在内容电商的推动下，未来，短视频、视频电商必将占一席之地。

5.3.4 内容营销：社会化电商如何讲故事

移动互联网时代，微博、微信等各类社会化新媒体不断涌现并迅猛发展。这些新媒体更加开放透明，改变了普通大众只能作为被动接受者的角色。任何用户都可以参与新媒体的内容创作和传播中，借助新媒体平台发出自己的声音，从参与体验中获得满足感和归属感。因此，新媒体不仅在传播效率上远高于传统媒体，而且也更容易受到用户青睐，获得高忠诚度的用户。

虽然对消费者来说电商与媒体是两码事，之间并没有必然的关联，但从社会化新媒体的角度来看，人们的消费习惯、需求偏好等内容必然会受自身社交关系链的影响。因此，电商运营并不只是简单的信息、产品或服务推送，更要通过新媒体做好品牌的建设、宣传与推广。

电商与社会化媒体结合即为社会化电商。移动互联网时代的流量更加分散化、碎片化，获取难度和成本不断增加；同时，人们的消费诉求也越来越个性化、多元化，垂直细分需求不断增多。这使得品牌建设和推广对电商运营更加重要，不论电商有着怎样的品牌和团队，都必须学会在社会化新媒体中讲好自己的故事，如此才可能为产品和品牌吸引更多用户的关注。

讲好自己的故事是社会化电商与其他电商形态最大的不同，也是社会化电商运营时需要向外界传递的核心内容。总体来看，这些故事内容可分为 5 类。

回 产品的故事

好的产品故事能够触动消费者内心，激发情感共鸣，让人们在消费中获得产品之外的价值体验，其营销效果也是传统销售渠道和媒体难以望其项背的。例如，“褚橙”中所传达出的励志故事，不仅是褚时健同时代人的一种回忆，对 80 后、90 后等年轻一代群体也具有很大的激励价值。

回 产品背后运营团队的故事

这类故事侧重于情感方面，即通过讲述产品背后的人的故事，让冷冰冰的产品变得“有血有肉”，甚至让消费者从中看到自己的影子，从而拉近产品或品牌与消费者的距离，建立强信任关系。

回 消费者的互动内容

产品营销中要重视消费者的参与互动意愿，甚至让消费者成为产品或品牌推广的主体。可以通过一些有趣的讲座或活动吸引用户参与互动，也可在微信中建立用户群与用户实时沟通，随时倾听用户声音，并据此不断改进产品。

回 加入促销和送福利的内容

在讲故事时，如果商家能够合理融入促销和福利内容，为消费者带来实实在在的好处，显然会更容易获得消费者的认可。

回 增值服务内容

社会化电商运营团队在围绕产品讲故事时，要努力搜集、整理有价值的信息，为用户提供增值服务，通过这种“意料之外”的惊喜吸引和留存更多目光。

移动互联网时代，人们的注意力呈现出移动化、碎片化、分散化的特点，要让用户在极度丰富和不断更新的信息海洋中发现并始终关注自己的产品或品牌信息，显然并非易事。因此，社会化电商在讲好自己的故事时，要注意以下3点。

去中心化。这是由互联网、移动互联网的去中心化特质决定的。在社会化媒体的社交关系网中，每个人都可能成为一个中心节点，并展示出自身的独特气质，受众对这种气质的关注和认知就是对品牌的认知。因此，社会化电商在讲故事时，应从品牌特质出发，找到与粉丝特质的契合点，如此才能对人们形成强大的吸引，甚至让每一位粉丝都成为品牌传播的中心。

社会化电商讲故事的最终指向应是营造一种场景式购物体验。场景化消费时代，人们的多数消费决策和购买行为都是受碎片化的场景影响的，是一种即时性、冲动型消费。因此，社会化电商如果能够结合消费者所在的即时场景讲故事，为消费者搭建一个舒适的场景氛围，必然会大大提高他们在场景中的停留时间，自然也会实现更多的销售转化。

故事是讲给粉丝听的。社会化电商讲故事的目的是为了引起粉丝的心理与情感共鸣，让粉丝对品牌形成更深度的认同与信任。因此，讲故事也是电商经营粉丝社群的有效手段。一个触动人们内心、引起共鸣的故事能够让品牌变得鲜活、人性化、有温度，拉近与粉丝的距离，甚至让粉丝成为品牌维护和传播的重要力量，最终使商家在品牌传播中获得更大的营销价值。

第 6 章

网红电商：

网红经济下的电商转型方法论

6.1 网红经济：社交自媒体开启新一轮商业红利

6.1.1 网红经济：社交电商的新突破方向

近年来，“网红”一词火爆了整个互联网，电商经济中的社交属性愈发明显，网红经济就是重要的一个表现。网红经济是社群经济环境下快时尚的演化，同时，也迎合了新一代消费群体的个性化需求：前端，对消费群体的个性化需求做出精准感知；后端，在数据的驱动下对供应链进行改造。

在 2015 年的世界互联网大会上，张勇亲自上阵为“网红经济”代言。张勇发言表示：虽然网红不是大明星，但他们却是在互联网环境下从草根群体中崛起的明星，催生了一种新经济。在世界范围内，从未有过“年轻人族群从互联网连接中被挖掘出来”的先例，在这方面，网红具有独特性。

目前，在淘宝平台上，仅女装类目，网红卖家的数量就已达上千家，将其中的百余家店铺单拿出来，其粉丝总量达 5000 多万。这些网红店铺借助社交网络引领时尚、引爆潮流，推出新品预售、服装定制两种销售模式，依托于强大的生产链，催生出了一种新型的商业模式。为鼓励网红店铺发展，淘宝平台专门为其开设了 iFashion 平台。

网红经济顺势而生、顺势发展，没有受到人为因素的干扰，一切都始料未及。互联网本来就是连接万物，连接企业、连接事物，随着网红经济的出现，互联网又多了一层连接关系，连接制造商、销售者、设计者、消费者和服务者。

网红，全称为网络红人。但是现阶段，被称为网红的网络红人特指将美照放到微博、贴吧、论坛、朋友圈中，通过照片分享与在网上转载走红的人。这与传统意义上的网络红人有较大的区别。新时代的网红主要包括以下 3 种类型，如图 6-1 所示。

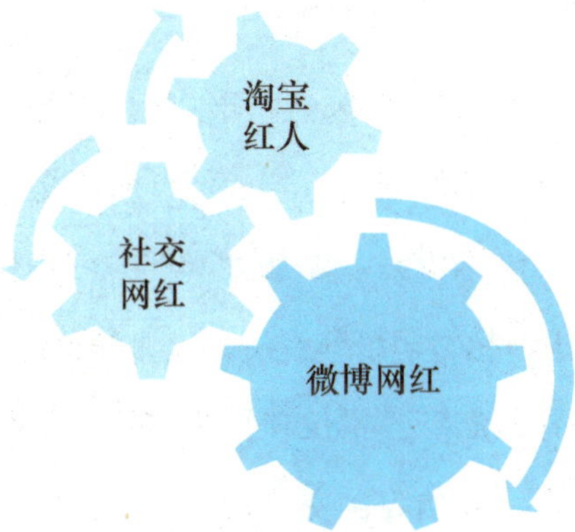

图 6-1　网红的 3 种类型

回 微博网红

如 Alu、NANA 等，原来的身份就是小明星、模特，依靠内容输出吸引了大批粉丝之后，成功开设淘宝店铺，转型成为网红。

回 社交网红

网络社交平台（论坛、微博、博客等）上的时尚达人，凭借准确的定位、持续输出的优质内容吸引了一大批粉丝，成为网红。

回 淘宝红人

别具一格的淘宝卖家，这类网红诞生于淘宝平台，借助社交媒体走红，借助预售、单品、定制等方法积聚了一大批粉丝，以 CC 皮草、复刻店等为代表。

总体来看，在微博兴起之初，社交红利真实存在，网红或者微博达人在沉淀了一批粉丝之后开始想方设法寻找渠道实现流量，生产、销售服装就是众多渠道中的一种。起初，网红的服装销售模式是先采买再销售，在积聚了一定的资本之后再开始自产自销。

近两年，网红开始孵化产业链，将粉丝运营与产品口碑营销相结合，引导流量不断变现，获取了巨大的经济利益。当然，在这背后，社交红利、网红自身的坚持、产品与供应链的配合发挥了巨大的作用。

6.1.2 网红产业链与社交平台的孵化模式

如果说粉丝经济是“漫灌”营销，那网红经济就是“精灌”营销。网红经济的主体是网红，在某个特定领域具有专业性，能根据粉丝需求更精准地开展商品营销，使消费转化率大幅提升。再加之网红的广告费用或流量费用相对较低，平民化特点更加突出，相较于粉丝经济，这都是网红经济的优势所在。

网红所覆盖的人群异常广泛，不仅包括那些通过网络走红、具有自我营销能力的美女，还包括微博、微信等社交平台上长期活跃的各行业的达人及各垂直领域的意见领袖，这些领域包括游戏、时尚、动漫、教育、摄影、股票等。

受网红平民化、广告费用低、能开展精准营销等特点的影响，其商业价值吸引了诸多关注，并被挖掘。

回 网红产业链构成

网红产业链的构成较为复杂，包括小型、综合社交平台，网红及网红经纪公司，电商平台，供应链平台（品牌商）等，如图 6–2 所示。

（1）社交平台

网红产业链中的社交平台有两种，一种是小型社交平台，另一种是综合社交平台。一般来说，小型社交平台在某个领域具有专业性，所以其中会有一些在该领域有特殊才能的网友，在互动的过程中该网友受到其他网友的关注，随着关注人数越来越多，这些具有特殊才能的网友就成了小型网红。

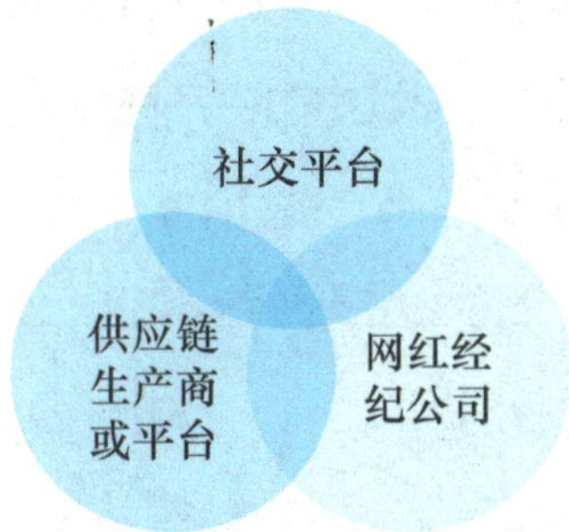

图 6-2　网红产业链的构成

由于小型社交平台的日常流量有限，该小型网红为了自身发展，提升知名度，就开始向综合社交平台转移，并以网红的身份在综合社交平台立足、发展。

（2）网红经纪公司

网红经纪公司有一套基本的运作模式，该模式主要包括 4 项内容。

第一，寻找合适人选。网红经纪公司不断地寻找合适的网红，与其签约。

第二，维护网红社交账号。网红经纪公司要组建专业团队对网红专用的社交账号进行维护。该团队的主要任务是帮助网红定期更新内容，以持续吸引粉丝注意；保持与粉丝的互动，增强粉丝黏性；引导粉丝关注、购买网红推荐的商品；引导粉丝点击店铺链接，购买商品等。

第三，组织生产。网红经纪公司要借助供应链组织生产能力，生产网红宣传的商品。

第四，提供网店的运营管理服务。网红经纪公司要利用网店将网红宣传的产品销售出去，实现网红的社交资产变现。

（3）供应链生产商或平台

网红往往都追求时尚、独特，受该特点的影响，他们希望能找到这样一种供应商，能对消费者需求做出灵活响应，能随时生产、发货，即便达到了一定规模之后依然能保证产品质量与响应速度。因此，网红经纪公司或者相关的服务平台都需要借助大数据分析与供应链帮网红找到符合上述条件的供应商与供应链。因为对供应链的要求较高，所以部分拥有成熟供应链体系的品牌上市公司希望能参与其中，成为网红供应链中的生产商。

回 各平台培养网红的优劣势

在网红培养方面，各社交网站与平台都表现出了各自的优势与劣势。

（1）兴趣及运动旅游类社交网站

这两种社交网站培养网红的优势在于，网站用户对某个领域的兴趣爱好相同，受这一特点的影响，粉丝聚集速度较快，网红培养速度也较快。缺点在于粉丝数量有限，网红规模受到很大的制约。

（2）科普类社区网站

科普类社区网站培养网红的优势在于，凭借自身才能与知识，网红能源源不断地输出优质内容，满足网友对知识的渴求，不断地吸引、积聚粉丝。依靠这种方式吸引的粉丝不仅数量多，而且黏性大。缺点在于，这类网站具有非常浓郁的文化氛围，商业化容易引起粉丝的反感；再加之，这类网站培养出来的网红的个人价值观较强，未来的社交资源变现有很大的困难。

（3）视频直播类网站

这类网站培养网红的优势在于，网站用户规模庞大，深受广大网友喜爱。这类网站培养出来的网红不仅形象好、气质佳，还有优秀的演艺素质，后期能顺利实现变现；缺点在于，这类网站中的用户需求及兴趣变化较快，培养出来的网红生命周期较短；另外，网红出道时其形象就已被设定好，后期转型比较困难。

由此可见，无论是何种社交平台，变现都面临着一定的困难。在上述 3 类平台中，虽然各平台在网红培养方面都各有优势，但或受各垂直领域粉丝规模的限制，或受平台商业氛围的限制，或受软件系统缺失的影响，网红变现都受到了一定的阻碍。

在这种情况下，新浪微博为各平台网红变现提供了一条重要通道。于是，各平台网红在拥有了一定规模的粉丝之后，都将活动中心迁移到了微博上。一方面，网红能将自己的粉丝引流到微博上，由于微博用户规模庞大，网红还能吸引更多粉丝关注；另一方面，借助微博的变现渠道，网红能将其拥有的粉丝资源变现。

6.1.3　网红定位：通向网红经济变现之路

网红有六大定位方向，具体如图 6–3 所示。

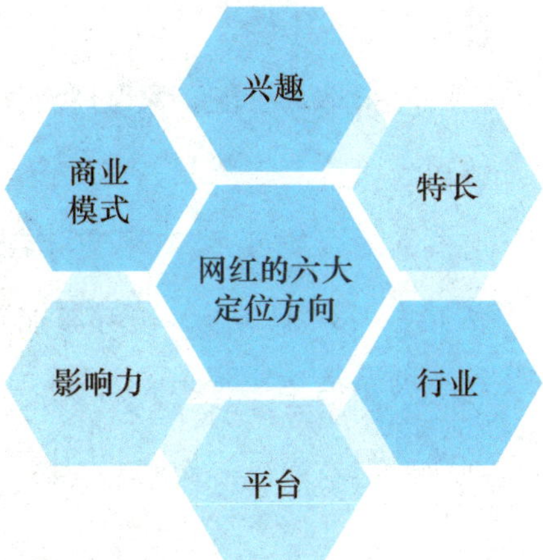

图 6-3　网红的六大定位

回 兴趣

个人兴趣能够对人生发展产生至关重要的影响，网红也不例外。为了打造网红的个人品牌，网红在进行品牌定位时，首先应该考虑的就是个人兴趣，以自身兴趣为切入点，根据自己在日常生活中的个人偏好、擅长的领域、工作习性等，找到与自身兴趣相对应的个人品牌展示方法、应该着重突出的特点等。在自身兴趣的指引下，根据自己的生活及工作习性，因势利导，着手提高自身影响力及知名度，建立个人品牌，最终完成网红个人品牌的打造。

回 特长

近年来，由于人们对精神娱乐的需求有所提高，促成了网红经济的迅猛发展，而多数网红都带有明显的娱乐化属性，凭借自身在唱歌、舞蹈、绘画、脱口秀以及其他艺术表演方面的优势吸引用户观看，依托互联网平台向用户展示自己的特长，满足观众的精神需求。另外，网红品牌能否在垂直方向不断进行价值深挖，网红能够维持多久的生命力，在很大程度上取决于网红本身的特长及表现能力。这也是其进军网红经济的入口，不仅如此，个人特长还在网红品牌打造及维护中发挥重要作用。

回 行业

不同类型的网红在选择行业时也不同，举例来说，有些年轻女性拥有姣好的容貌，对穿衣打扮有自己的心得体会，能够紧跟时尚潮流，可以定位于美妆领域；有些人爱好美食，热衷于研究美味菜品，喜欢搜集并总结美食攻略，可以用菜肴制作吸引用户；有些人爱好旅行，喜欢亲近自然，从事导游工作，可以定位于旅游领域；有些人擅长互联网科技，能够掌握互联网最新发展动态，可为用户提供数码科技的相关资讯信息；有些人则专攻财经领域，实时观察股市走向，在投资方面具有前瞻性眼光，可成为商业领域的信息资讯提供者，并聚集自己的粉丝。

回 平台

对于那些有意成为网红的人，若自身非常喜欢舞蹈，可以通过视频直播的方式展现自己的舞姿；若对文字比较敏感，可以运营自媒体；若擅长通过声音打动别人，也可以在电台担任主播。无论是拥有哪方面的特长，都应该找到适合自己的平台，为今后的发展奠定基础。

回 影响力

专注于细分领域的网红属于垂直型网红，这类网红在特定领域进行商业价值的开发，能够聚集自己的长期用户，并将部分用户转化为自己的忠实粉丝。

能力突出者还能在平台上打造个人品牌，具有鲜明的个人特色，在自己所属的领域拥有较高的知名度及号召力。

回 商业模式

网红运营的目的是为了获取利润，而要进行变现，就要采取适当的商业模式。网红商业模式包括广告、商演、电商运营、内容变现等。举例来说，当红明星大都通过接广告、代言知名品牌获得收益；紧跟时尚潮流，掌握美妆技巧的网红大都通过电商途径获得利润；能够持续输出优质内容的自媒体，或者以视频直播方式吸引粉丝的网红大都通过粉丝打赏、赠送礼物等方式进行商业转化。

6.1.4 如涵电商：网红时代的电商启示录

2016 年，网红行业以 580 亿元的总产值超越电影行业 457 亿元的总票房。一时间，网络红人成了社会关注热点，网红经济被重新审视、定义，网红电商作为网红流量变现的主要形式也成功吸引了资本关注，如阿里巴巴用 3 亿元入股如涵控股等。

网红与电商结合有优势，也有短板：优势在于，网红自带流量，能有效吸引、积聚粉丝，开展推广营销；短板在于，电商后端运营经验不足，供应链不完善。下面以如涵电商为例，对网红电商进行具体分析。

2012 年 12 月，如涵电商成立。时至今日，如涵控股已成为新三板网红经济第一股，其成功有目共睹。

在成立之初，如涵电商的定位就是打造国内领先的网络达人生态，以培养、提升网络达人的影响力，对产品供应体系进行整合，对粉丝消费群体的消费决策进行引导，同时满足粉丝的消费需求。

在明确定位之后，如涵电商开始网红电商的打造过程。首先，如涵电商签约了一些知名的网络红人，为其提供经纪服务、日常运营服务、供应链服务，帮其做好电商后端的运营工作；然后，如涵电商寻找有网红潜力的普通人将其培养成网红，进而将其与电商相结合，发展成网红电商。

如涵电商从服装领域切入，逐渐将其经营范围拓展到鞋帽、化妆品、零食、家居、宠物用品及旅游产品等领域，面向18～35岁的女性消费群体，为其提供中档、时尚、个性的产品与服务。据调查，泛95后这个消费群体的增长速度最快，个人品位尚未成型，其消费行为与消费决策非常容易受到他人的影响。所以，如涵电商的产品定位与目标消费群体定位正好迎合了网红粉丝群体的需求。

从签约的网红数量来看，截至2016年年底，如涵电商签约网红已逾百人，其中最有代表性的网红就是张大奕，其淘宝店铺2016年的销售总额上亿元，在2016年“双11”期间，其店铺进入女装热销店铺前十名。

从营收方面来看，如涵控股2016年年中财务报告显示：2016年1～6月，公司总营收达7756.36万元，同比增长4020%，净利润43.01万元。虽然受服装类业务季节性特征的影响，营收与利润反差较大，甚至出现利润亏损。但从整体来看，如涵电商之类的网红电商公司，网红带来了流量，公司则承担起了经纪服务、后端运营、供应链服务等工作，二者互为补益，如果流量能实现持续变现，这种形式也能获得很好的发展。

如涵控股在短短几年的时间内就做到了新三板网红经济第一股，说明如涵控股有很多值得学习的地方，能为网红电商的发展带来诸多有益启示，如图6-4所示。

回 红人培育

网红电商要先做好红人培育工作：首先，网红电商要针对红人挖掘、培养、测试，内容输出，粉丝培养，人气提升等环节制定规范的流程；其次，网红电商要结合红人的特征为其制定合适的产品路线及营销推广策略。

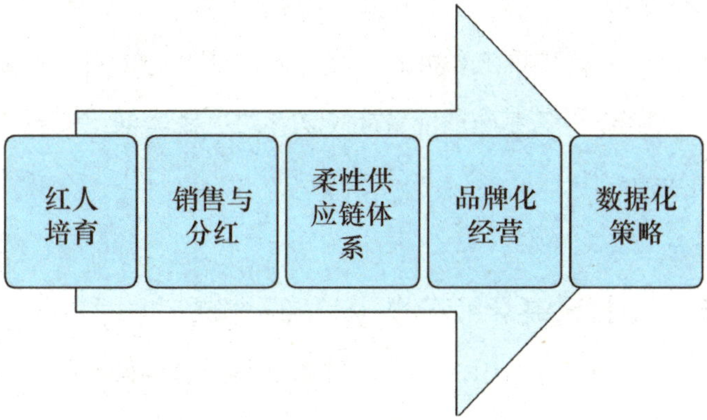

图 6-4　网红电商启示录

回 销售与分工

网红电商要做好分工，让网红做擅长的事，如积聚粉丝，发挥意见领袖的作用，对粉丝的消费决策与消费行为进行引导等。公司则为其提供辅助运营服务，如电商代运营、经纪服务、供应链服务等。二者相互补充，共同发展。

回 柔性供应链体系

网红电商要做好供应链的把控工作，构建柔性供应链体系。以服务行业为例，上下游产业模式是服装行业最典型的供应链模式。在互联网经济的作用下，服装行业这种最传统的供应链模式逐渐被柔性供应链模式所取代，库存积压、资金周转慢等问题得以妥善解决。

服装行业最传统的供应链体系主要由三部分组成，分别是面料商、服装公司与服装工厂。其中，服装公司又可以分为两种类型：一是公司只做市场营销，产品设计与生产外包给其他公司；二是公司负责产品设计，产品生产外包给其他公司。

服装工厂主要负责面料采购、辅料采购、服装加工。服装公司将服装生产外包给服装工厂可以采用两种模式：一是向服装工厂一次性交付面料费、辅料费、加工费，将服装生产全权委托给服装工厂；二是采用纯代工模式，自行采购面料、辅料，请服装工厂代加工，向其支付加工费。

如涵电商采用的就是第二种模式，自行采购面料与辅料，仅将服装生产外包给服装工厂，服装工厂进行小批量的灵活生产，既缓解了库存压力，又能对粉丝需求做出快速响应。

回 品牌化经营

网红电商可以进行品牌化经营，先获得某品牌的授权，掌控产品的供销体系，充分发挥网红意见领袖的作用，向粉丝群体推荐符合其偏好的产品，以开展产品销售，塑造品牌。这种模式与品牌代销非常相似。

回 数据化策略

如果粉丝类型、粉丝爱好、粉丝的活跃时间等都能以数据的形式呈现出来，产品定位、服务定位、营销策略的制定就会变得非常简单。所以，网红电商为了进一步提升网红的人气与影响力，可以将其与粉丝之间的互动行为数据化，对互动比例、转化率、回复率等数据进行严格把控，以制定更有效的互动策略与营销策略。

6.2 网红电商：粉丝效应下的网红模式运营变现

6.2.1 网红电商：概念、诞生与类型划分

2016年，网红经济大爆发，据《2016年中国电商红人大数据报告》分析，网络红人的价值正在超越明星。

在网红经济势如破竹的发展态势下，如何实现流量变现是让网红倍感困惑之事。在众多网红变现形式中，网红电商是最受青睐的一种。网红电商可以说是网红经济的衍生品，那么到底什么是网红电商？网红遇上电商又会发生何种

化学反应呢？

从字面上理解，网红电商就是网红与电商的结合体。网红电商由前端与后端两部分组成，前端就是最常见的获得身份认证的微博意见领袖（俗称微博大V）推送的产品简介、软文与产品链接；后端就是用户点击链接之后跳转到的产品购买界面，用户进入这个界面就进入了电商的后端。

总体来看，网红电商的基本操作模式就是网红在微博等社交平台聚集粉丝，待粉丝群体达到一定规模之后向其分享一些产品信息与购买链接，将粉丝引流到淘宝店铺，通过商品交易实现流量变现。

近两年，网红与电商整合形成的网红电商吸引了诸多关注，呈现出火爆发展之势。那么，网红电商究竟蕴藏着什么商业逻辑呢？

回 网红的诞生背景

从整体上来看，网红可以分为两种：一种是阶段性的网红，另一种是持久性的网红。阶段性网红凭借某一新闻事件爆红，但其火热度只能持续一段时间；持久性网红往往是有价值的、成熟的网红，其背后有一套完整的支持系统对其进行包装，这类网红能保持长时间的热度。网红的商业价值与包装及其与粉丝之间的互动密切相关。

从历史背景角度来看，网红是伴随移动端的产生与发展实现大爆发的。

随着移动端的产生，原来PC端单一的入口被碎片化。也就是说，随着移动端的发展，人群被细分，呈现了碎片化趋势。在细分的人群中，非常容易产生偶像，网红就是某一个细分人群体系的偶像代表。这就是网红只能吸引一部分人群，不能像明星一样大规模地吸引粉丝的主要原因。当然，在社交领域内，网红与明星还有一些差别。

真正有影响力的网红不仅有特点、有才艺、专业性突出，而且还能借助某些工具平台与粉丝形成持续互动。

回 网红到底有哪些种类

（1）按平台类型分类

按照平台类型，网红可以分为3类，分别是微博网红、视频网红和直播网红。

★微博网红：在微博平台上，一些博主通过发布内容聚集了大批粉丝，在某个领域有很高的人气与影响力，这类博主就是微博网红。

★视频网红：在小咖秀、秒拍等视频网站上发布自己制作的视频内容，展示个性与特点，吸引、积聚大批粉丝，这类发布者就属于视频网红。

★直播网红：在直播平台上，一些主播通过直播与粉丝实时互动，聚集了大批粉丝，形成了超高的人气，这类主播就是直播网红。

不同的平台形成了不同类型的网红，这与明星的形成非常相似。例如，在电视媒体上成名的明星叫电视明星，在电影荧幕上成名的明星叫电影明星，此外还有体育明星、歌星等。

在网红领域，除了这3类网红之外，还有专家网红、明星网红、模特网红等。其中专家网红是在网络上以某行业专家的身份讲课，吸引、积聚粉丝的人；明星网红是从传统媒体转战到互联网平台，其粉丝也随之转移到互联网平台，并在互联网平台吸引新粉丝的人；模特网红是为一些品牌拍照，逐渐被人们熟知的网红。

（2）按粉丝数量分类

按照粉丝数量，网红可分为4类：第一类，粉丝数量低于10万的网红；第二类，粉丝数量10万～50万的网红；第三类，粉丝数量超过50万，低于百万的网红；第四类，粉丝数量在百万以上的网红。

这4类网红的区别在于，粉丝数量少于10万的网红，70%为假网红，30%属于真网红；粉丝数量介于10万～50万的网红属于成长型网红；第三类网红属于小有名气的网红，已具备一定的变现能力；第四类网红属于大网红、明星网红，具有超高的人气与影响力，具有较强的变现能力。

6.2.2　社交商业：自媒体时代的网红电商

相关数据显示，在淘宝销售额排名前十的女装店铺中，网络店铺占 70%。该现象说明，目前，网络电商已成为电商产业一大发展趋势。那么，网红电商为何能引发如此之高的市场关注度呢?

事实上，网红并不是一个新概念，早在很多年前就已出现，只不过当时这种身份的社会认可度比较低而已。网红在电商平台销售产品，这种现象也由来已久，如淘女郎在淘宝平台上开网店销售产品；罗辑思维销售书籍等。但是随着时间推移，资本市场在对网红电商进行长期观察之后对其生命力做出了确认。经观察发现，在各个消费领域不断出现的网红群体、网红电商能有效提升粉丝交易转化率，能拉动消费，帮助解决国内庞大的供应链过剩难题。基于这些优势，各投资者纷纷对网红电商报以肯定的目光。

但是，对于很多人来说，网红电商这个词可能非常容易引发误解，如果对这种现象以更准确的语言概括的话，应该是主流商业模式正在向社交商业时代迈进，如表 6-1 所示。

表 6-1　社交时代商业模式的进化

	消费者需求	生产	渠道	营销	核心竞争要素
线下商业	产品体验	工业化	大型线下零售	建立品牌信任	产品品质 + 品牌沉淀
在线商业	选择效率	全球化	超级电商平台	获得精准流量	性价比 + 高效促销
社交商业	情感赋能	柔性供应链按需定制	泛社交平台	获取和经营粉丝	情感连接 + 用户管理

在线商业模式转变为社交商业模式是一个全新的商业变化趋势，对于主流商业模式来说，网红电商是这个趋势中一种阶段性的代表现象。

回 社交商业出现的原因

社交商业出现的原因如图 6-5 所示。

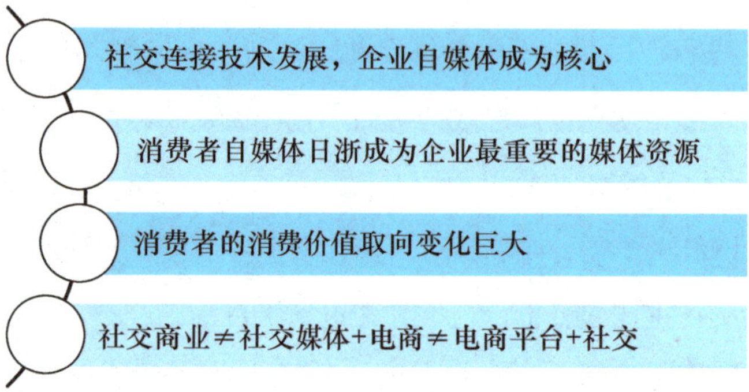

图 6-5 社交商业出现的原因

（1）社交连接技术发展，企业自媒体成为核心

现阶段，关于社交应用的一个重要认识就是社交应用是移动时代的超级应用，占据大量消费者时间与入口。

在社交应用出现之前，商业要想与消费者连接、沟通，需要耗费以千万元计的成本才有可能实现；而随着社交应用技术的发展，商业与消费者连接、沟通变得简单易行，且成本大幅下降。鉴于社交连接技术所产生的这种价值，商业模式终会实现转型，企业与消费者的沟通方式也将实现革新，一对一沟通、个性化沟通、自动化沟通、智能化沟通都终将实现。即便企业引入、使用社交连接技术的主观意愿不强烈，随着时间推移，这种技术也会被企业广泛应用。

（2）消费者自媒体日渐成为企业最重要的媒体资源

随着社交技术发展而来的另一个重大变化就是，过去占据绝对优势地位的媒体被碎片化，消费者价值发生了巨大变化，从过去单一的收入贡献转变为现在收入贡献与媒体贡献的双重价值。

虽然从表面上看，单个消费者的媒体价值比较散乱，难以进行管理。但从该媒体的覆盖范围看，可信度及转化率都比较高，且能实现有效互动。但对于企业来说，相较于自身粉丝规模，发动粉丝之后形成的规模要高很多。因此，在分析网红电商时，不能只将注意力放在网红所拥有的粉丝规模上，要重点关注网红对其粉丝所拥有自媒体的发动能力与管理能力。

（3）消费者的消费价值取向变化巨大

随着社会的发展，消费者的消费价值取向发生了很大的变化，对于可支配能力较强的消费者来说，他们消费的乐趣已经从“买到”转向了“买好”，又转向了“买好玩”。其中，在“买到”阶段，消费者获取的是可获得的乐趣；在“买好”阶段，消费者获取的是选择、购买性价比高的产品所产生的乐趣；在“买好玩”阶段，消费者乐趣的来源不是消费内容，而是消费动机、消费过程体验与消费后的附加价值。

只有对这个逻辑进行深入理解，才能明晰粉丝经济、打赏经济、社群经济所隐藏的消费心理，并相信在此趋势下，各行各业都会给消费者提供日益丰富的社交购买动力。

（4）社交商业≠社交媒体＋电商≠电商平台＋社交

从概念和逻辑层面来看，社交商业不属于平台级概念，而是一个真真切切的企业级概念。所以，不管平台实力多么强大，超级电商平台也好，垄断社交平台也罢，希望凭借简单地改变平台产品机制的方法来推动企业进入社交商业的想法从逻辑上来讲是难以实现的，且经实践证明是无效的。

从某个层面来讲，在社交商业时代，超级平台并没有起到核心的推动作用，起核心推动作用的极有可能是那些超级赋能者，如计算机时代的微软或者 IBM 等。

回 社交商业的受益者

从在线商业模式转变为社交商业模式这一趋势中，哪些企业将受益呢？哪些又能借此机会创造出巨大的商业价值呢？

（1）网红电商：或将催生新一代消费品品牌

在众多消费品品类中，每个细分品类都有可能成为具有颠覆性的大品牌，但某些品牌的生命周期也有可能会缩短，小而美的品牌将迎来一段发展机会。各个人格化的品牌能否实现合并，如何进行合并，都是有趣且值得观察的命题。

（2）网红经纪公司：成功难度较大

现阶段，造星公司或者艺人经纪公司的规模普遍较小，依靠批量培养网红走向成功的难度较大。相较于凭借网红经纪或培育公司取胜，经营一家与网红对接的专业管理公司成功的概率可能更大一些。

（3）社交商业基础能力赋能商：有可能产生新巨头

在计算机时代，这类公司主要是一些硬件公司与软件公司。在社交商业时代，这类公司除软件公司之外，还有数据技术公司、营销创意公司、广告优化公司、资源整合公司等。由于社交商业的本质是以用户数据为基础与用户进行互动的更高层次的管理，商业价值的实行方式是以用户为中心不断增强用户黏性，提升 ARPU 值（Average Revenuel Per User，每用户平均收入）。因此，拥有社交商业基础能力的赋能商不会是上一个商业模式升级过程中复制而来的能力模型，而是一个更加复杂、更加综合的业务模型。

在行业中，相较于风险投资，各大巨头企业的动作更加快捷，例如，腾讯推出 Social CRM（社会化客户关系管理），微博组织微博网红对资源进行整合；阿里为紧抓内容产出能力推出新的大文娱板块，等等。另外，越来越多的 VC（Venture Capital，风险投资）涌向网红电商、自媒体、内容电商等公司。从这个层面来看，网红电商成为一种新的商业模式似乎已是大势所趋。

6.2.3 社交运营：利用社交网红聚拢流量

现如今，社交红利逐渐减少，对网红的要求也越来越高。以前那种从零开始打造网红的方法现如今已不再适用。社交电商本质上是一种商业模式，要以盈利为目的，所以要挑选合适的网红。那么，究竟什么样的网红才适合做社交电商呢？主要有 4 点，如图 6-6 所示。

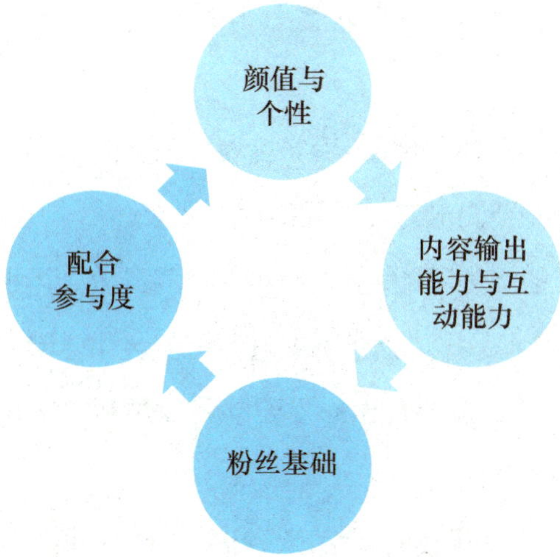

图 6-6 什么样的网红适合做社交电商

回 颜值与个性

在这两个要素中，相较于颜值，个性更重要。在社交电商中，借助各种美颜手段，观众总能看到一位美女网红。网络世界中美女如云，观众会产生审美疲劳，而有个性的网红却能让观众耳目一新、记忆深刻。所以，社交电商要挑选有个性的网红。

回 内容输出能力与互动能力

身份定位不同，网红输出的内容也不同。如搭配专家与资深设计师，前者要以服装搭配内容为主，后者要以服装设计内容为主。对于社交电商的网红来说，不仅要具备专业的视觉表达能力，也要具备文字功底，能输出优质的内容，还要拥有较强的互动能力，通过互动引导观众购买产品。相较于普通人，网红最大的优势在于能灵活运用社交媒体，要想成为社交电商网红，就更要将这种能力充分发挥出来。

回 粉丝基础

对于社交电商网红来说，粉丝的质量（信任度与活跃度）比数量更重要。如果某网红的高质量粉丝能达到 1 万人，与该网红合作的社交电商就能获得不错的起步销量，后续销量的增长可以通过口碑营销或者广告推广实现。

回 配合参与度

网红的粉丝数量再多，如果配合参与度较低，也难以获得较好的销量。所以，粉丝的配合参与度也是社交电商要考核的一大因素。

有颜值不一定就能成为网红，社交电商重金签约几个网红也不一定就能“躺着赚钱”。网红与代言人不同，如果不能进行深度合作，网红的商业价值就很难体现出来。社交平台与网友的合作一定要以共同的利益、共享的资源、互补的能力、长久的合作为基础。

在社交媒体数据全面开放的环境下，社交电商寻找几名网红非常容易，关键在于社交电商能为网红提供何种资源帮助其实现人气、流量变现。目前，微博、微信、时尚类社交媒体、视频类社交媒体等领域聚集了大量网红，社交电商要做的事情就是在这些社交平台的海量网红中选择合适的网红进行签约。

效益逐渐显现出来的网红经济吸引了众多传统电商运营公司的关注，现有的运营得较为成功的几家网红运营机构都是从淘宝运营转化而来的，在资本支持下实现了快速发展。大体来看，这几家网红运营机构的路线基本一致。

首先，快速积聚粉丝，抢占流量入口；其次，成立设计团队，构建供应链系统，从产品与供应链两方面为网红店铺提供支持。

从这方面看，现有的网红孵化公司承担了更多原始设计商与店铺运营商的工作，只因为他们最早发现网红店铺在运营管理、供应链、产品等方面的问题，抢占先机，实现了快速发展。

众所周知，在传统商业时代，一线商圈中的门店是流量入口；在互联网电商时代，淘宝等电商平台的搜索是流量入口。按照这个规律，社交电商时代的流量入口很有可能转变为网红。在这种情况下，传统零售企业和有实力的电商或许就要拉开网红争夺战，网红市场又将迎来一场激烈的竞争。

6.2.4　谨防风险：避免网红资源大量流失

风险与机遇并存，网红电商也是如此。网红电商在发展的过程中面临着很多风险，其中最大的风险当属网红流失风险。

首先，在网红电商中，网红带来粉丝流量。如果网红从一个平台转移到另一个平台，粉丝流量也会随之转移。虽然网红与公司相互依存，但是当网红的人气与影响力达到某种程度时，网红或许会自立门户，或许会受高报酬的吸引跳槽，在这种情况下，网红电商公司就必须承担网红流失造成的损失与风险。

其次，网红电商的发展空间有限。网红电商的基本操作流程是公司签约网红，借助网红的影响力将粉丝引流到淘宝店铺，通过交易实现流量变现。也就是说，网红电商的利润来自商品销售，虽然借助网红引流节省了流量获取成本，但随着网红成本的升高，再加之流量与转化率不受控制，公司利润难以实现指数级的增长，电商网红的发展空间有限。

最后，市场竞争的压力。网红电商公司不仅要应对新生的网红电商的竞争，还要面对成熟的上市公司带来的压力。在业内，网红电商公司被放在电商代运营公司类目，在上市公司中，已经有公司涉及了电商代运营业务，并做得非常成功。对于这些公司而言，网红电商也是一个不错的发展方向。如果这些上市公司进入网红电商领域，网红电商公司的发展会更加艰难。

由此可见，网红电商公司要实现可持续发展，不仅要在网红与产品之间找到平衡点，还要实现核心产品与内容的沉淀，塑造、推广品牌。同时，还要做好风险分散与控制工作。

第一，网红电商公司要理智地看待网红与公司之间的关系，从以网红为核心逐渐向以品牌为核心转移。

第二，网红电商公司要不断培养新网红，以保证导入源源不断的新流量。

第三，网红电商公司要逐步实现网红电商多元化，将网红经济涉及的产业拓展到各个垂直领域，如母婴、旅游、家居、美食等。

第四，网红电商公司不仅要销售定向产品，还要对粉丝需求做出精准定位，为其提供更多增值服务，以增强粉丝黏性。

6.3 网红店铺：淘宝商家如何拥抱网红电商时代

6.3.1 淘宝达人：淘宝生态下的网红店铺

足不出户便可买遍全球的电子商务给我们带来了巨大的影响，电商在人类社会中扮演的角色愈发关键，有这样一群人开始对电商产生影响，他们自带流量，在各自的细分领域有着极强的影响力，开设的淘宝店铺年销量可以达到上千万元甚至上亿元，他们就是网红。

网红群体的崛起带来了一个潜力巨大的新兴市场，网红不再是一群“炫富”“炒作”的网络群体，而成为品牌商眼中拥有强大变现能力的合作伙伴。很多品牌商通过与网红合作，在使自身的品牌影响力快速提升的同时，更带来了产品销量的大幅度增长。

作为国内最大电商平台的淘宝，对于网红群体未来的发展前景同样给予了高度认可，其目前正在积极投入资源，通过打造淘宝达人等方式切入这一领域。

回 什么是淘宝达人

（1）达人定位

在淘宝看来，达人是一群能够生产专业内容，在某一行业拥有专业的知识与经验，可以通过与粉丝交流互动以吸引其购买产品的群体。

（2）达人的结算方式

淘宝平台给出的达人结算方式主要有两种，一种是 CPS（Cost Per Sales，按实际成交额付费），另一种是 CPC（Cost Per Click，按点击次数付费）。

（3）达人的流量展现区域

打开手机上安装的淘宝 APP，在社区、微淘、有好货、达人淘、爱逛街、每日好店、必买清单等多个版块都能看到达人的身影。达人的出现一定程度上缓解了淘宝平台流量下滑的趋势，也使一直未能解决的旺旺使用频次过低的问题也得到了有效改善。对于消费者而言，在达人的帮助下，他们能以更低的时间成本找到满足自身需求的商品。

在发现达人们所创造的巨大价值，尤其是达人在“双 11”期间带来的高达数亿元的成交额后，淘宝进一步坚定了投资达人群体的信心。

回 达人可以为店铺带来哪些好处

第一，与达人进行合作后，商家能够借助达人将自己的商品更加专业地展现在目标群体前，从而有效提升转化率。

第二，达人沉淀一部分消费者，在帮助他们购物消费的同时，还能引导他们了解其他产品或者行业知识，不再只是单纯购物消费，在日常生活中能够和达人交流互动，从而使其产生忠实度及依赖感。

第三，达人的存在使店铺能够更好地和现有用户进行交流沟通，为用户提供更为优质完善的服务，而且买家秀（顾客买到商品后对商品进行展示）不再在店铺内展示，而是转移到了社区广场中，只要登录淘宝，用户就能看到这些内容。当然，这一切都是建立在商家为用户提供真正满足他们需求的产品及服务的基础上。

第四，营销推广更为精准。以前，电商卖家在销售产品时通常会采用广泛撒网式的营销方式进行推广，但这种方式会大幅度提升营销成本。人们对产品的需求存在着明显的差异，产品本身的功能、材质、质量、价格等决定了其存在着特定的目标群体，而达人们正是让产品能够与其特定的目标群体产生连接的重要枢纽。

第五，消费场景化让达人们为目标群体分享的内容更丰富，内容传播形式更多元化，使消费者可以获得更优质的购物体验。

回 商家如何与达人合作

达人活跃在淘宝平台的现象也对商家的店铺运营思路产生深远影响。商家在运营过程中不再仅向消费者推荐商品，而是更加注重社交，与消费者建立情感连接。在运营店铺时，商家需要充分了解目标群体的需求习惯，能够从用户数据中挖掘潜在消费需求。

很多店铺与达人建立起了良好的合作关系，甚至有的店铺自己培养达人，和达人共同研究营销活动，制作营销内容等，尤其是店铺会主动为达人提供图片、短视频等内容，帮助达人更好地进行宣传推广。

店铺内的客服人员可以根据达人所擅长的领域，分析店内产品在这一方面的优势，从而在和达人引入的粉丝进行交流沟通时将产品的优势真正传递给目标群体。这样不但能够提高交易成功率，也能为店铺沉淀一批忠实客户；在和目标群体进行交流的过程中，也能够了解用户的需求痛点，并将这些痛点反馈给产品设计及开发人员，从而为消费者提供更优质的产品及服务，甚至可以让商家以预售定制模式实现零库存销售。

作为国内最大的电商平台，淘宝投入大量资源打造淘宝达人无疑会对我国的电商产业产生重大影响。从淘宝本身来看，探索网红经济也是其在移动互联网时代流量日趋碎片化及移动化趋势下的必然选择。而广大电商卖家更应该抓住这个转瞬即逝的重大发展机遇。

6.3.2 从供应链和零售看网红店铺的崛起

单就服装行业来说，现阶段，服装销售有两种最主要的形式：一是线下实体店铺销售，二是线上电商销售。其中，线上电商销售这种方式又延伸出一种新的销售方式——网红店铺。事实上，网红的出现还提升了供应链效率，为精准营销的实现提供了助力。

回 网红买手制模式提升了供应链效率

传统的服装产业链主要包括三大环节，分别是服装设计、服装生产和服装销售。在这三大环节中，服装设计与生产属于制造端。现阶段，我国服装产业链中的许多环节都交由品牌商在内部完成，品牌商紧抓时尚潮流进行产品设计，然后将服装生产外包出去。

虽然品牌商在广告宣传、品牌打造方面做得比较出色，但由于服装设计、供应链生产、终端销售等环节难以实现专业化、标准化，所以存在诸多缺陷，易受外部冲击，销售效率下降、资金周转速度放缓、渠道库存积压等情况都会给其带来不良影响。

而在网红买手制模式下，网红作为意见领袖能利用其对时尚的敏感度，依托实力强大的设计团队，将顺应时尚潮流、符合粉丝喜好的服装推介给观众。这种方式能在很大程度上降低消费者的选择难度，提升供应链的运行效率，消除库存积压，加快资金周转，最终促使整个服装产业链的运营效率得以大幅提升。

回 网红销售模式有望成为品牌商吸引客流的新渠道

在零售端，从运作模式来看，线下实体商店、淘宝网店、网红店之间的区别非常大。

（1）线下实体商店

在线下实体商店（直营门店）中，品牌商的主要任务是租赁电铺、招聘店员、推广品牌、做好店铺运营。其业务支出主要包括 4 个部分，分别是店铺租金、人工成本、广告费用和其他运营开支。

品牌线下实体店铺运营都会经历从规模经济到规模不经济的过程。在品牌创立之初，受品牌商大力进行广告宣传的影响，客流量有了大幅增长，再加之受低基数效应的影响，无论是公司店铺扩张，还是单个店铺的销售额都呈现快速增长之势。

但在公司到达一定规模后，特定消费群体对产品的需求趋于饱和，单一品牌推广的边际效用逐渐下降，仅依靠线下广告和店铺扩张所获取的边际收入逐渐减少，使店铺租金、工资等开支在总收入中所占比重逐渐提高。再加之近年来，受房地产价格飙升的影响，店铺租金逐渐增长，该问题更加突出。

（2）线上 B2C （Business to Customer，商对客）电商阶段

线下品牌商的实体店模式遇到了一系列问题，为找寻新渠道、获得新的廉价客流，B2C 电商兴起，其代表就是淘宝、天猫。在兴起之初，受其目的为吸引客流的影响，淘宝、天猫等 B2C 平台的引流费用非常低。在那个时期，我国互联网用户规模迅速扩张，天猫、淘宝等 B2C 电商平台吸引了越来越多的品牌商入驻，在这些电商平台上，品牌商不需要支付高额的租金与广告费用，只需支付少量的流量费用即可。

但是，随着阿里巴巴开始进行平台流量变现，淘宝、天猫平台上的流量费用逐渐增长。阿里巴巴年度财务报告显示，2016 年，集团广告服务收入达 110 亿美元。

随着 B2C 平台广告引流费用的增加，再加之平台抽成，各大品牌商在广告费用方面的支出金额也与日俱增。例如，韩都衣舍的广告推广费用在其总收入中的占比已超过了 10%，其旗下众多子品牌的广告推广费用在其总收入中的占比已高达 20% ~ 30%。

事实上，即便品牌商支付高额的推广费用，该费用也未必能转化为实际的消费。例如，平台类目过多，仅凭置顶或者搜索等功能未必能引导消费者进入店铺。据统计，现阶段，一个传统的 B2C 店铺获取一名实际客户的成本已高达百元。面对这种高引流费用、低转化率的情况，各品牌商都在积极寻找新的出路，如寻找新的引流方式。

（3）寻找新营销渠道

网红创新了品牌电商吸引流量的方式。由于网红经济具有平民化的特点，它能借助拥有海量流量的社交平台，使用精准化营销方法，使转化率大幅提升。

因为很多网红在各领域都具有专业性，对于他们推销的产品，粉丝有很高的信任度，比较容易接受。在游戏领域，粉丝对UZI、小智等推荐的游戏软件报以非常高的信任度与接受度，正因如此，消费者的转化率自然能得以大幅提升。

再加之社交平台崛起，流量大幅增长，网红所拥有的粉丝规模日渐壮大，能影响的粉丝数量也越来越多。除此之外，网红粉丝消费的转化率非常高，在这些影响下，很多服装品牌商开始借助网红进行产品宣传，以替代原来的平台广告。

从费用上看，网红店铺所消耗的费用与线下实体门店、线上B2C门店不相上下，但相较于后面两种门店，网红店铺能有效提升供应链效率，吸引更多客流。

回 社交电商平台有望取代中心电商平台

网红销售是品牌商为解决引流困境寻找的一种新的营销方式。根据上文所述，由于线下实体门店与线上B2C门店这两种销售方式都遇到了困境，品牌商不得不重新寻找一种高效的引流方法。恰好，拥有庞大社交资产、能开展精准营销、可以提升宣传效用与引流效率的网红进入品牌商的视野，于是，网红销售成为品牌商找到的一种新的产品推广方式。

尽管从本质上讲网红销售只是一种销售方式，但其很可能让社交电商平台取代中心电商平台。虽然网红销售只是一次销售渠道的变革，但由于其身处互联网平台，为移动社交电商B2C2C（Business to Channel to Customers，商家—渠道—顾客）变现疏通了一条渠道。

随着越来越多的品牌商选择网红销售这种销售方式，网红存在的社交平台所吸引的顾客、展示的产品将越来越多。借助与社交平台无缝对接的方法，移动社交电商所承担的产品交易工作也将越来越多。

客流量经由网红社交账号导入，交易支付交由移动电商完成，在这种情况下，传统B2C电商平台的搜索、推送功能日益弱化，在社交网站的支持下，移动社交电商所承担的交易功能将越来越多，互联网购物去中心化或将由此成为现实。

另外，由于网红店铺采取饥饿营销方法，只准备少量现货限时发售，后期预售翻单，以销定产，所以对企业的补单能力提出了非常高的要求。一般来说，网红店铺的补单量至少是初期备货量的两倍，因顾客耐心有限，所以给企业的备货时间最多为 20 天，时间少、任务重，给供应链带来了巨大的压力。

除供应链之外，店铺客服、发货人员、售后系统都必须适应这种节奏。目前，很多网红店铺都出现了这种问题，产品上新期间店铺异常繁忙，服装质量得不到保障；上新之后，资源冗余，浪费现象较为严重。

虽然，由各种优秀的淘宝商家演变而来的网红孵化公司在对接生产商方面有诸多优势，例如，能够借助原有的供应链端与生产商对接，能与小生产商议价，等等。但是随着网红数量的增长，供应链需求大幅扩增，面对供应链快速响应的需求，网红经纪公司越来越难以满足。

那些曾与网红签约的淘宝店铺，经过一年时间的运营，店铺评分有所下降。这说明，随销售额大幅增长，店铺带给用户的购物体验越来越差，客户流失、粉丝流失，对于网红经济来说损失巨大。

6.3.3 品牌与动销：网红电商的运营逻辑

随着网络媒体的发展，传统媒体的实力开始下降，以传统媒体为基础形成的明星成长模式逐渐被颠覆，越来越多的人开始借助网络媒体成名。在传统媒体，明星控制流量；在网络媒体，网红控制流量。因此，网红电商的发展就是一种商业业态的发展，随着电商业态的发展，流量被持续挖掘，商品类目不断拓展，网红成功地吸引了投资者关注，于是，网红迈入火爆发展阶段。

普通人要成为一名网红要经过一个非常复杂的过程。首先，要明确自己的定位。在移动互联网时代，随着各种社交平台的出现，人群被细分。所以，要想成为一名真正意义上的网红，先要在自己所属的细分领域成名。网红与明星一样，要成名就必须职业化。因想要成为一名真正的网红还要经过专业化的培训。

其次，网红还要与商业紧密结合在一起。明星的成名不是一部作品、一个事件促成的，其背后有一个完整的商业体系在推动。所以，网红也要与商业体系联系在一起，只有这样，网红才能富有旺盛的生命力。

总而言之，网红电商化就是在长期的培训体系与支撑体系的作用下实现网红职业化，并与商业体系紧密结合在一起。相较于明星，网红的商业化更加彻底，因为网红直接与粉丝相连，能对粉丝产生直接影响，而明星与消费者之间还隔着节目或品牌。所以，网红在积聚了一定的人气之后能马上变现，而明星却先要将商品品牌化，再进行变现。

回 如何让一个网红成长起来

（1）定位

网红要成长，首先要做到精准定位，网红定位贯穿于网红成长、发展的全过程。当然，网红成长具有一定的偶然性，或许 100 人中只有 1 个人才能成长为真正的网红，但实际上，这个偶然性也取决于网红的个性与特质，所以网红定位依然非常重要。

（2）提升影响力

网红要借助各种网络媒体平台扩大覆盖度，提升影响力。当然，在这之中，网红要确定一个最主要的发展方向进行深耕。

（3）要与电商紧密结合

网红要与电商紧密结合，构建一个完整的利益链条，以不断地积累粉丝，实现持续变现。

回 品牌化和销量：不同诉求下的网红逻辑

（1）品牌与零售分离

在网红领域，品牌与零售分离。很多企业希望通过品牌化提升产品销量，事实上，在当今市场环境下，品牌动销愈发困难。品牌化就是提升品牌的知名度，讲品牌故事，树立企业形象。所以，零售企业在用网红之前要明确自己的目的，是要动销，还是要品牌化。一些专家网红或者明星网红能有效提升品牌的可信度，因此，如果企业抱着品牌化的目的，就可以与这些网红合作。

（2）动销

网红拥有自己的粉丝群体，因此，企业利用网红动销非常简单。企业先明确自己的目标销售群体，找到这个群体人气较高的网红，与其达成合作，让其引导粉丝进入商品销售体系，达成交易，增加销量。

在这种形势下，京东、淘宝、天猫等电商平台的流量被瓜分，为应对这种危机，淘宝、天猫、京东开始转型，如淘宝的红人店、京东的达人店等。这是淘宝、京东为应对流量被瓜分的危机采取的应对策略。

总而言之，商家对品牌化与动销的诉求不同，其选用的网红、采取的操作逻辑也不同。所以，如果商家想要品牌化，可以借助网红的明星效应，提高品牌的曝光度，提升品牌的知名度与影响力，待品牌化达到一定程度后，商品的转化率就能自然而然地提升了。

如果商家想要动销就要让网红的流量变现。网红流量变现需要与粉丝互动，在与粉丝互动的过程中网红能引导粉丝购买产品，提升商品的转化率。

随着大量视频直播平台的崛起，网红电商呈现出爆发之势。在网红电商的背后隐藏着两大商业逻辑：一是品牌化，二是动销。在不同的商业逻辑下，有不同的网红运作方法。企业要找准定位，选择合适的商业逻辑运作网红电商。

6.3.4 引流变现：网红社群的构建与运营

传统电商倡导物以类聚，社交电商推崇人以群分。因此，电商运营注重美化数据，网红运营则更注重打造人。从运营方式方面看，传统电商与社交电商有本质区别。网红模式能否实现规模化发展，关键在于社交红人能否实现批量化生产。这种网红生产模式与娱乐公司的造星模式非常相似。

以韩国的造星模式为例，韩国的经纪公司要打造一个超级明星，会先选拔一批练习生，对其进行培训、筛选，在这个过程中挖掘有潜力的明星。借助这种团体式的造星方法，经纪公司能有效规避个别成员流失所造成的投资风险，也能打造出更具影响力的偶像形象。

未来，在社交电商领域，借鉴韩国经纪公司的造星模式，我国的网红孵化公司或许能批量生产出优质的社交红人，推动网红模式实现规模化发展。

现如今，社交电商逐渐崛起，网红作为社交电商的流量入口，其商业价值及身价势必水涨船高，在选择合作对象方面会慎之又慎。在这种情况下，社交电商在找到合适的网红后，要制定符合双方利益的合作方案，以诚意动人，使双方的社交价值实现最大化。

网红社群的形成有几大基础条件，如共同的兴趣、产品、目标、载体工具、参与感、意见领袖等，如图 6-7 所示。

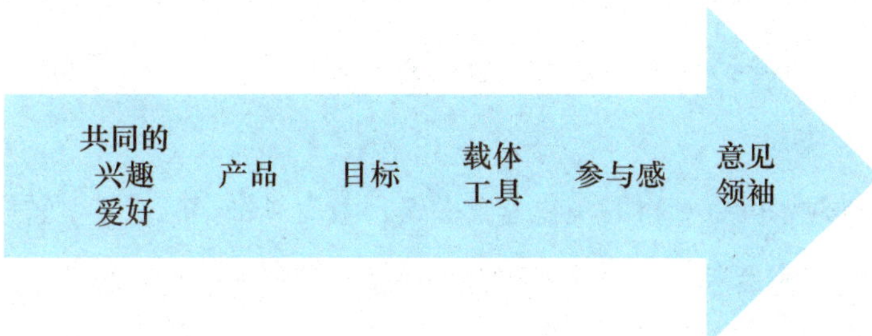

图 6-7　网红社群的形成条件

回 共同的兴趣爱好

社群的种类有很多，如摄影社群、旅行社群、电商社群等，这些社群中的成员全部都是因共同的兴趣爱好聚集在了一起。网红社群也是如此，要先将拥有共同兴趣爱好的人聚集在一起形成一个圈子，再逐渐将圈子发展成社群。如罗辑思维就是利用给大家读书的方法将对读书、学习有兴趣的人聚集在了一起，然后再通过招收会员、与商家合作等方法，来获取经济利益。

回 产品

产品质量不好，一切营销活动都无法开展，网红社群也是如此。所以，要想构建网红社群，第一要保证网红的质量，第二要保证内容、产品与服务的质量。

回 目标

要建立自己的网红社群，还要有共同的目标。通过目标，基本上能实现人以群分，将正确的人、合适的人聚集在一起形成社群。

回 载体工具

建立网红社群要擅长使用各种工具，如QQ群、微博圈、微信群等，让社群建立变得更加简单、快捷。

回 参与感

网红社群的建立还要增强社群成员的参与感。以小米为例，小米汇聚了一大批对手机感兴趣的粉丝，邀请他们参与小米手机的系统开发，共同研制高性价比手机。这些粉丝以一带三，引导其他消费者成了小米用户。小米粉丝之所以愿意这样做，就是因为他们获得了参与感，在精神层面获得了满足感。

回 意见领袖

意见领袖对于网红社群的建立非常关键，意见领袖指的是某个领域的专家或权威，拥有绝对的话语权。只有拥有意见领袖，社群才能建立起信任感，社群价值才能更好地传递。另外，意见领袖的存在还有利于吸引更多其他用户进入社群。

总之，社交电商的崛起与发展是大势所趋。在移动互联网时代，在社交全面开启时代，企业无论是选择将自己打造成网红，还是选择寻找、发掘、签约专属网红，都要及时行动，抢占先机。

第 7 章

直播电商：

全民直播时代的电商新玩法

7.1 商业新蓝海：开启泛娱乐 IP 时代的直播革命

7.1.1 直播经济：一场颠覆性的商业革命

目前，网络环境不断完善，智能终端的应用也普及开来，加上用户的消费水平持续提高，推动了直播行业的发展。在今后的发展过程中，直播的业务范围将进一步向外拓展，该行业的整体规模也将持续扩大。

权威机构推测，包括传统 PC 直播及移动直播在内的直播市场份额到 2020 年时将达到 600 亿元，比 2016 年增加 450 亿元，年复合增长率可达 41%，如图 7–1 所示。

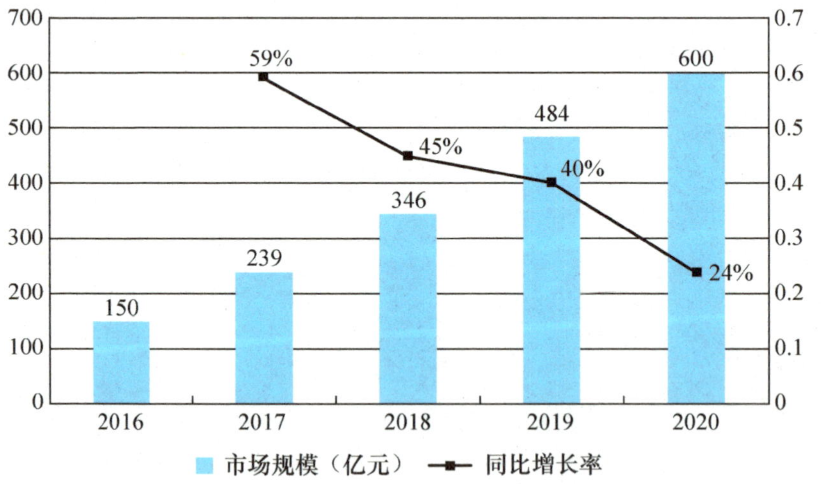

图 7-1　2016—2020 年中国直播市场规模[1]

1 数据来源：智研咨询发布的《2016—2022 年中国网络直播行业市场发展状况及行业前景调研分析预测报告》。

回 直播行业的市场结构

在目前的直播领域内，泛娱乐直播平台、秀场直播平台及游戏直播平台所占的比重分别为 44%、34% 和 16%，如图 7–2 所示。

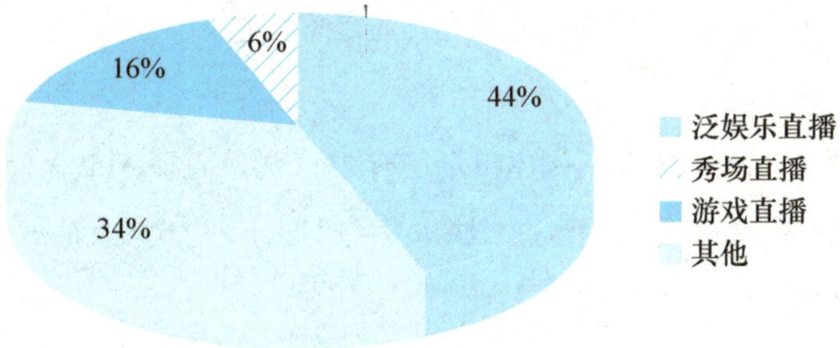

图 7-2　直播行业的市场结构[1]

（1）泛娱乐直播

泛娱乐直播涉及的内容比较丰富，其用户范围也更广，因而成为众多资本家聚集的焦点之一。数据统计结果显示，2016 年 1 ～ 5 月，国内新增的泛娱乐直播平台数量达 16 家。

泛娱乐直播的范围较广，一般只要不是秀场直播及游戏直播，基本都可以列入泛娱乐直播的范畴内。**泛娱乐直播包括两种类型：全民直播平台与垂直领域直播平台。**

全民直播平台包含各种各样的主题，可作为导流平台。在全民直播 APP 中，所有用户都可作为内容输出者，其话题范围超越了传统的秀场直播及游戏直播，覆盖范围更广，呈现出来的内容也具有多样化特点，能够同时满足不同类型用户的需求。在流量积累方面，全民直播拥有较强的竞争实力。

垂直领域直播平台聚焦于专业内容的生产及输出，此类平台面向的是特定领域内对专业内容感兴趣的用户群体。此类平台可细分为两种。一是以直播

1　数据来源：智研咨询发布的《2016—2022 年中国网络直播行业市场发展状况及行业前景调研分析预测报告》。

APP 运营为主导业务的平台，如企鹅直播、直播吧主要进行体育赛事的直播及相关内容输出；疯牛直播、知牛直播则以财经信息的播报为主。二是将直播功能融入现有产品中，通过直播形式增强与用户之间的互动联系，例如，微店全球购出于扩大产品推广的目的，在平台开通直播功能。

（2）游戏直播

数据显示，到 2016 年，国内市场还有 24 个游戏直播 APP 保持正常运营。从 2014 年以来，游戏直播平台进入快速发展时期，具有代表性的战旗、虎牙与斗鱼直播都创办于 2014 年。

游戏直播 APP 的安卓用户下载次数排名比较靠前的有虎牙直播、斗鱼直播、龙珠直播、熊猫 TV、战旗 TV。其中，虎牙直播及斗鱼直播的下载次数均超过 2000 万，其他直播平台则达数百万。除了这 5 个直播平台，触手 TV 的下载次数也在百万次以上，其他同类 APP 则在百万以下。由此可见，排名居于前五位的直播平台已经将其他大部分游戏直播应用甩在了身后。

（3）秀场直播

直播平台的运营离不开内容的输出，平台的内容生产是否具备优势能够对平台的整体竞争力产生很大影响。如今，越来越多的创业企业瞄准秀场直播领域，纷纷加入进来。

数据显示，2004—2016 年，我国新增的秀场平台达 49 家。在 2014 年，新出现在市场上的秀场直播平台达 13 家之多。目前，国内秀场直播平台的数量仍在持续增长中。

以电脑端为载体的直播领域中，在市场上占据主流地位的当属 YY、9158 及六间房 3 个平台。根据其官方统计，这 3 家直播平台的月活跃用户可达千万人次，一年的纯利润突破 1 亿元，足以说明传统实力型直播平台的市场价值。

相比之下，**移动端秀场的用户具有年轻化特点，吸引了很多初创企业的加入**。自 2014 年开始，移动端 APP 纷纷涌现在市场上，其中既有传统实力型秀场直播企业进军移动领域的结果，也有视频网站在直播领域开展运营的体现，还有很多是由初创企业开发的 APP。移动端秀场直播对年轻的用户群体更具吸引力，不少用户对秀场直播的接触还不多，还没有成为忠实粉丝，这也是初创企业竞争的焦点。

回 直播行业的发展趋势

（1）秀场直播：市场逐渐规范，发展趋于成熟

秀场直播发展较早，初期阶段缺乏政策限制，发展迅速但不规范，后吸引了大批投资者参与，相关市场规则陆续出台，该领域获得进一步发展。

如今，秀场直播的发展趋向于成熟化，拥有了稳定的粉丝群体，并聚焦于垂直领域。2013 年，秀场直播的市场规模为 36.7 亿元；两年后，这个数据增加为原来的两倍。相关统计数据显示，预计到 2020 年，秀场直播的市场规模将比 2016 年增加 119 亿元，其年复合增长率将达 22%，如图 7-3 所示。

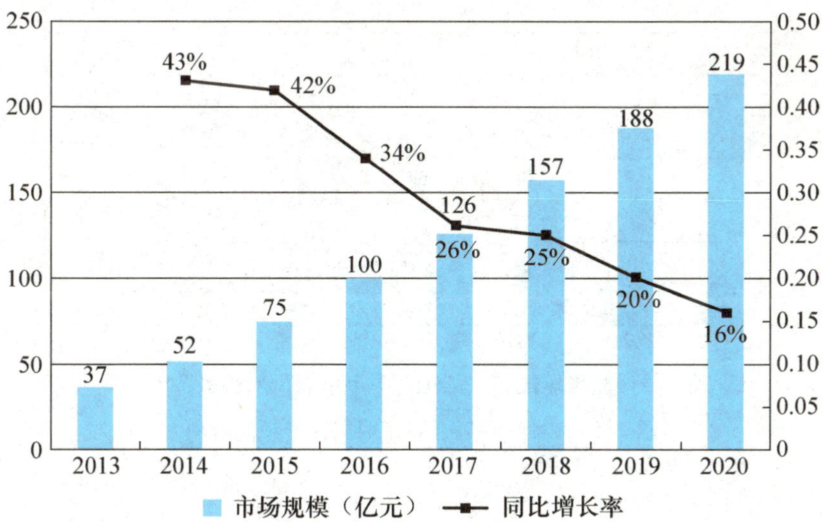

图 7-3　2013—2020 年秀场直播的市场规模[1]

1 数据来源：智研咨询发布的《2016—2022 年中国网络直播行业市场发展状况及行业前景调研分析预测报告》。

（2）游戏直播：发展迅猛，商业潜力需进一步挖掘

近几年，国内游戏市场进入快速发展阶段，不少开发商及运营商开始注重长尾游戏的推出，游戏直播平台开始就人气主播及用户资源展开激烈竞争。

现阶段下，直播平台通过游戏项目推广、会员订阅、游戏联运等渠道获得的利润十分有限；在今后的发展过程中，影响力较高的主播可能会选择在平台上与粉丝互动，将流量引向电商平台，运营方也可能利用平台集聚的庞大用户基础举办赛事竞猜活动。

2015 年，国内游戏直播的市场规模达 11.7 亿元，比 2014 年增加了 9 亿元，增长率为 333%。预计到 2020 年，游戏直播的市场规模将达到 86.5 亿元，比 2016 年增加 62.8 亿元，年复合增长率可达 38%，如图 7-4 所示。

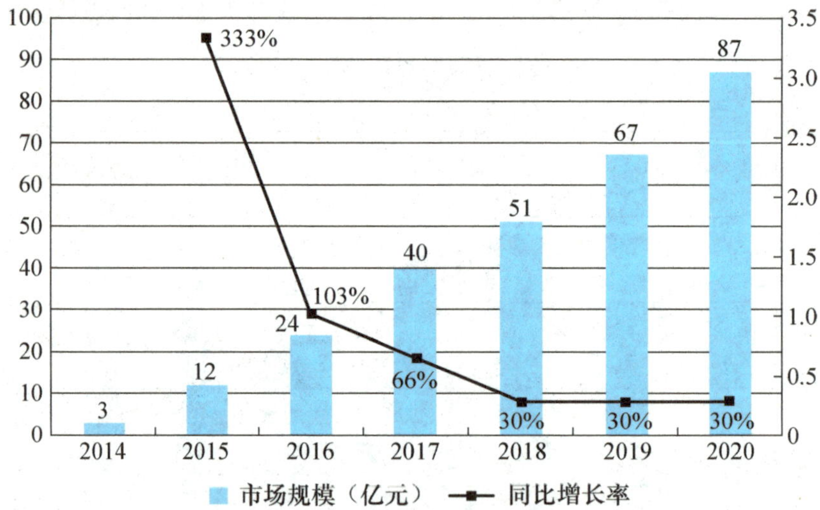

图 7-4　2014—2020 年游戏直播的市场规模[1]

（3）泛娱乐直播：发展前景广阔，进入爆发式增长期

在移动互联网时代下，用户的消费方式呈现出新的特点，给移动泛娱乐直

1 数据来源：智研咨询发布的《2016—2022 年中国网络直播行业市场发展状况及行业前景调研分析预测报告》。

播的发展带来了积极作用。直播内容越来越多地涉及游戏、音乐及生活元素，部分 APP 受到用户的广泛认可及追捧，联合社交平台进行更大范围的推广。

到 2020 年，国内移动直播的市场规模将达到 295 亿元，比 2016 年增加 269 亿元，年复合增长率将达 83%。

7.1.2 社交直播：引领视频内容转型升级

2016 年 8 月，陌陌公开了其上半年的财务报告，截至 2016 年 6 月 30 日，陌陌 2016 年 4～6 月的营业净收入为 9900 万美元，净盈利 2320 万美元。其中，直播业务盈利 5790 万美元，占总营收的 58%。

如此能赚钱的陌陌直播业务从诞生到现在还未满一年：2015 年 9 月，陌陌推出了“直播现场”以开展直播业务；2015 年 12 月，红人直播诞生；2016 年 4 月，全民直播开放。在这不足一年的时间中，直播业务为陌陌带来了丰厚的盈利。

更为重要的是，直播业务大大提升了陌陌社区的活跃度。根据陌陌发布的第二季度财务报告，2016 年第二季度，陌陌平台上月活跃人数达 7480 万人，相较于第一季度的 7230 万人来说有了明显增长。并且这个增长不只发生在 2016 年的第二季度，自陌陌推出直播业务以来，这个增长就在一直持续，到目前为止，已经实现了连续 3 个季度的增长。

由此可见，直播能量巨大。那么借助直播，移动社交能不能雄起呢？

虽然移动直播不是在 2016 年诞生的，但却在 2016 年有了井喷式的发展。因此，我们将 2016 年称为“直播元年”。方正证券对 2016 年我国的直播市场进行了调查，调查结果显示：预计到 2020 年，我国直播市场规模将达 600 亿元，社交直播市场规模将达 295 亿元。

直播市场如此快的增长速度令人震惊。直播市场之所以能如此发展，不外乎受到三方面原因的影响：首先，网民规模急剧扩张给直播的发展提供了充足的市场；其次，移动端设备有所发展，网络技术和视频技术有了很大的突破，使直播变得简单化；最后，视频直播画面有所优化，用户的参与度和趣味性都得到了很好的提升。

目前，CNNIC（China Internet Network Information，中国互联网信息中心）发布了行业数据，数据显示：截至 2016 年 6 月 30 日，我国网民规模为 7.1 亿人，其中网络直播用户数量达 3.25 亿，在网民中的占比为 45.8%。这一数据也很好地印证了上述结论。

相较于图片、文字、音频等媒介来说，视频带来的感官冲击会更大，传播起来会更加容易。同时，视频直播的弹幕功能更能迎合年轻人的喜好。在视频直播的过程中，通过弹幕等功能可以增强用户和主播之间的互动，能带给用户一种全新的观看体验。

此外，很多用户在使用社交工具的时候都具有频次高、时长短等特点，视频直播短小精悍的特点正好迎合了用户的这种需求，能更容易吸引用户的注意。

目前，受到社交直播准入门槛低的影响，全民直播作为一种分享形式和交流形式有着广泛的受众基础。谁能输出优质的内容，或者谁输出的内容更能迎合受众的喜好，谁就能凝聚强大的粉丝力量，直播的“造星能力”也就因此形成了。当然，受到直播圈粉能力的吸引，很多明星也会主动地加入到直播行列。

7.1.3 盈利模式：网红经济的下一个风口

目前，社交直播的盈利模式主要有以下几种：

靠转播游戏或者体育竞技比赛获取收入；

靠直播过程中的粉丝打赏获取收入；

靠广告植入获取收入；

靠网红直播、电商变现获取收入等。

借助于社交直播强大的“造星能力”，很多网红被创造了出来。这些网红和明星一样拥有众多的粉丝，在粉丝的追捧下，这些网红的年收入非常丰厚，多者可达千万元。

随着直播的发展，众多资本涌入直播市场，让直播市场本就紧张的局势变得更加白热化，抢人大战频频上演。各直播平台纷纷充分发挥自己的各种优势，或资本优势，或知名度优势，争抢高人气网红，以吸引众多用户参与，提升用户的活跃度，推动其规模扩张。

目前，平台直播的形式主要有两种：一种是用户主动参与内容生产过程，另一种是直播平台与网红或者网红孵化企业合作。无论是哪种方式，其主要的收入来源都是粉丝打赏。粉丝打赏所得的收入，直播平台和主播按一定的比例分成。

经调查，目前如映客、花椒直播以及易直播等直播平台对平台和直播之间的分成做了如下规定：如用户打赏 5 元的虚拟礼物，主播可以从中分得 1.56 元的红包，由此，我们可以计算出主播的分成比例为 31.2%。

当然，主播的级别不同，这个分成比例也不同，级别高、人气高的主播的分成比例自然会高一些。但是，一般来说，主播平台的分成比例约为三七开，对主播选择平台没有什么太大的影响。

如果平台签约的是网红孵化机构的红人主播，分成就不会这么简单了。据了解，直播平台签约的这类主播，其主要来源是模特公司或网红经纪公司，公司会聘请专业的经纪人或者团队来对其进行训练，协助他们制作一些直播内容或者做一些关于商业宣传的直播。

在这种方式下，直播平台和公司达成合作关系，公司给平台提供红人主播并达成分成协议。一般来说，红人主播和孵化机构的分成比例是 1:1，但并不绝对。如果主播的业绩好，其和孵化机构的分成比例可达 7:3，主播拿 7 成，孵化机构拿 3 成；如果主播业绩不好的话，其和孵化机构的分成比例也可能是 3:7，主播拿

3 成，孵化机构拿 7 成。据了解，陌陌在刚开始的时候，签约主播都是应允保底工资的，粉丝群体形成之后，主播就完全靠分成赚钱了。

从上述分成比例来看，貌似直播平台能获得很高的收益，但相较于高额的运营成本来说，却并非如此。直播平台在运营的过程中不仅要投入大量的人力资源，支付人力成本；还需要购买很多硬件设备和宽带，投入的成本也很高。

其中，宽带是直播平台最大的投入之一。对于观众来说，视频播放的画质和流畅度会在很大程度上决定其是否观看。因此，直播平台需在宽带方面投入巨资以保证画质和流畅度，从而带给观众更优质的用户体验。但是受宽带费用的影响，很多直播平台都处于入不敷出的境地。即便是盈利颇丰的陌陌，其收入也仅和宽带支付费用持平而已。

相较于音乐、舞蹈、文化类直播，游戏类直播除了投入宽带之外，还需要投入高质量的硬件设备。YY 的前执行副总裁曹津就曾说过，对于以经营电竞直播比赛为主要业务的平台来说，在其运营总成本中，宽带占 40%，公司运营成本占 20%，剩下的全部是版权费用、赛事费用和战队成本支出。

根据这种算法，目前大部分直播公司主营业务的收入尚不足以支付成本支出，其资金的主要来源还是投资。2016 年 3 月，映客融资 8000 万元人民币，斗鱼融资 1 亿美元、三好网融资 7500 万元人民币、易直播融资 6000 万元人民币。

直播企业的 A 轮融资都在 5000 万元人民币以上，一方面足以见到直播的“烧钱”，另一方面，如此多的资本进入也可预见直播行业未来的发展前景。

在视频社交刚刚开始的时候，移动网络、通信网络的升级和智能手机的普及让人们对点对点、点对面的社交需求越来越多，使直播发展得更加迅速，直播形式演变得更加多样化。或许，“直播 + 教育”“直播 + 旅游”“直播 + 培训”等离我们已经很近了。

在这个风口上，细分市场上的通信软件迅速崛起毋庸置疑。但是，目前很多社交直播软件都面临着一个非常严重的问题：如 QQ、微信等社交软件在其海量用户资源的支撑下进入了直播市场。在这样的情况下，以细分市场为切入点，绑定自己的黏性用户，是目前很多社交软件的首要任务。

7.1.4 VR 直播：新技术驱动下的场景社交

2013—2016 年，随着互联网的发展，基本每一年都有代表性事件发生。例如，2013 年因互联网金融的崛起被称为“互联网金融元年”；2014 年因智能硬件的广泛应用被称为“智能硬件元年”；2015 年因“互联网 +”遍地开花被称为“互联网 +”元年；2016 年因网络直播的爆发、网红群体的崛起或可称为“视频直播元年”或者“网红经济元年”。

2016 年，BAT 三巨头、优酷、小米纷纷走进直播行业，或打造自己的直播平台，或对某直播平台投资，或披挂上阵进行直播……一时间，直播市场热闹非凡，直播大战也一触即发。这场战争的主要参与者不外乎是在 2016 年前后崛起的众多直播平台。

直播平台不仅吸引资本，还吸引技术。近年来出现的新技术——VR 直播推动视频直播进入了 3.0 时代，使网红经济的价值得以重塑。

在 2016 年 4 月的北京车展上，花椒首次引入 VR 技术进行直播，为观众展示了一项测试中的服务。从一般经验来看，VR 直播这种服务要想从设想转化为现实至少需要 6 个月的时间，而花椒则将这个时间段缩短到了 1 个月。当然，花椒为此投入了巨大的财力及精力，花费 10 万元购入 VR 设备，并免费提供给用户使用。

事实上，这就是互联网经济的特点。在互联网环境下，一旦某种服务有了一个突破口，接下来就会产生巨大的市场需求。花椒 VR 直播就是如此，VR 推动了视频直播的升级，使直播载体发生了变化，也使用户地位发生了转变，将其从受众变成了参与者，进而诱发了理念、模式及产品的创新。

回 VR 直播重塑网红经济

视频直播早已存在，不仅在 PC 端有一批秀场、YY 之类的直播平台，QQ 等社交平台的视频聊天功能也具有直播属性。在这个时期，视频直播处于初级发展阶段。

之后，在移动互联网高速发展的影响下，借助于手机摄像头，出现了一批移动直播平台，如斗鱼、花椒、映客等。通过这些移动直播平台，用户可以实时观看直播内容，这个时期，直播获得了快速的发展。

在现阶段，随着花椒 VR 直播的推出，借助于 VR 技术及设备，增强了直播的现场感及参与感，为用户带来了更加极致的直播体验。在这个时代，VR 技术将使网红经济的价值得以重塑，从而衍生出更多的机遇。

在花椒 VR 直播推出之前，很多直播平台，如映客、斗鱼、熊猫、战旗等都获得了一轮乃至多轮融资。但这些直播平台多生于视频直播 2.0 时代，或许都在筹谋 VR 直播，但都没有正式推出，也没有表露推出的意愿。从这个角度来说，花椒推出的 VR 直播可谓是开启了 VR 直播的先河，势必会备受资本青睐。

同时，从直播行业的市场发展态势来看，率先推出 VR 直播的花椒也势必成为行业学习的典范。因为视频直播行业属于一个快速发展的行业，一旦有新模式、新理念出现，一定会在 3 个月内被同行业的其他企业所模仿。

而花椒却通过技术手段将这个模仿期延长到了 6 个月。花椒 VR 直播为了打造更加真实的 3D 场景，借助双目摄像头让图像形成角度差，再对其进行技术处理，在 VR 眼镜的作用下将真实的 3D 场景呈现在观众眼前。借助这种方法，无论是技术基础，还是产品体验，花椒都做到了极致，使得 VR 直播的行业准入门槛大幅提升，增加了其他企业跟风模仿的难度，将模仿期从 3 个月延长到了 6 个月。在网红经济迅速发展的形势下，6 个月的领先期足以让花椒跃居直播行业的领先地位。

回 VR 直播创新场景革命

在现阶段，各行各业都要受到场景革命的影响，无论是视频直播，还是社交，或是电商等，要想取得发展先机，就必须构建真实的场景，来满足用户多元化的需求。只有这样，企业才能真正获取竞争优势，成为行业领跑者。

近年来，VR 技术、VR 设备的场景价值备受关注。借助 VR 技术，研发者能够在多维信息空间中创造一个虚拟的信息环境，带给用户真实的场景体验，增强用户的沉浸感。**VR 技术这种与环境交互作用的能力，与场景的天然联系，是其在短时间内就在全世界盛行的根本原因。**花椒 VR 直播的出现带给了用户这样一种真实的场景体验，用户只需带上 VR 眼镜，就能瞬间穿梭到主播旁边，获得无比真实的参与感与临场感。

随着移动互联网的发展，直播从 PC 端转移到移动端只能说是一场直播载体的变革；而随着技术的发展，VR 直播对移动直播的取代却是一次真正的革命。因为从移动直播到 VR 直播，发生变革的不仅是直播载体，还有用户身份。**在移动直播阶段，用户的身份是观看者；而在 VR 直播阶段，用户的身份则是参与者。**

在场景革命中，“场”与“景”是密切相连的。“场”与“景”要想联系在一起，就必须充分发挥互联网工具及平台的作用，赋予每个场景独特的意义与价值。而 VR 直播创新场景革命的意义就在于此，用户借助 VR 眼镜进入直播页面，与主播产生一种独特的交互感，实现“场”与“景”的真正连接。

提及网红经济，我们丝毫不陌生。网红主播在淘宝网开设淘宝店，凭借其影响力及人气达成交易，从中获取利益。如果 VR 直播能加入其中，这些网红主播店主就能为淘宝用户提供更加真实的商品展示，将商品具象化、立体化，增强用户对商品的感知，势必能使买卖成交率大幅提升。

未来，VR 直播一定会在某些知识传授、技能分享场景中得到广泛应用。如借助 VR 直播教授一种手工物品的制作过程，让观众身临其境，不仅能提升学习效果，还能带给观众一次有趣的学习体验。再如，随着 VR 技术的发展，VR 直播或可用于医疗手术等场景中，为观众还原真实的手术体验。

总之，现阶段，只有在 VR 技术及设备的作用下，“场”与“景”才能实现真正的连接。

回 VR 技术助力移动直播

花椒推出 VR 直播不是在打一场没有准备的战役，在推出 VR 直播之前，花椒在技术、产品研发方面投入了很多时间、精力、人力、物力。例如，在 VR 直播推出之前花椒就推出了脸萌功能，在这次新上线的 APP 中又添加了变脸功能，这些功能及技术在行业中都处于领先地位。由此可见，花椒一直在致力于技术创新，这种持续的技术创新或将打破国内视频直播行业的格局，对国内视频直播行业的发展方向产生重要影响。

VR 技术在直播领域的应用为主播及用户的交互构建了一个全新的平台，借助这个平台，主播与用户之间将实现更好的交互。同时，花椒推出 VR 直播，不仅为主播带来了数量庞大的用户群体，还改变了产业竞争态势，将其竞争由财力、资产等层面转移到了技术、能力层面，开启了新的竞争格局。对于花椒来说，率先推出 VR 直播则为其汇聚了诸多竞争优势，为其在新一轮的产业竞争中成为领跑者提供了助力。

对于移动直播行业中的企业来说，要想实现高速发展，必须有领先的技术。换句话说，只有拥有了领先的技术，才能促使企业用户数量的大幅增加，才能打造企业良好的口碑，提升其行业地位，从而催生出行业寡头。

VR 技术就是这样一种技术，VR 技术在移动直播行业中的应用将彻底颠覆行业发展现状，更新人们对移动直播的认识，为其提供多元化的、真实的社交场景，将其变成移动直播渗透人们生活的利刃。在迭代更新的新技术及新应用的作用下，移动直播的市场发展前景将更加广阔。

7.2 直播电商：重构用户购物体验与消费决策

7.2.1 直播电商：开启全新的购物体验

火热的视频直播吸引了社会各界的广泛关注，在创业者与投融资机构不断涌入的背景下，企业界也在不断思考视频直播究竟应该如何完成价值变现。确实，在一些直播平台的明星主播间内，我们能够看到有几十万甚至上百万的观众观看主播打游戏、唱歌、跳舞等，但如何将这些海量的流量转化为商业价值，则是摆在从业者面前的一个时代课题。

而直播与电商的结合则有效解决了这个问题，越来越多的商家通过举办直播活动让我们感受到了直播与电商结合后的强大能量。

蘑菇街电商直播业务主管洪波表示，蘑菇街用户通常需要浏览 200 ~ 300 个网页后才会真正购买，这并非是平台的商品陈列出现问题，而是因为普通消费者缺乏足够的信息制定消费决策，只能通过浏览大量的网页制定出更为科学合理的消费决策。

但引入直播后，这种局面得到了有效改善，主播通常对于其推荐的产品有着专业的了解，而且通过实时互动帮助粉丝答疑解惑，能够让消费者快速找到适合他们需求的商品。

蘑菇街在上线直播功能以前，平台已经存在了一些积累了大量粉丝的各个领域的关键意见领袖，他们主要通过微信、微博等平台和粉丝进行交流互动，而上线直播后，就可以和粉丝“面对面”地交流沟通，向粉丝提供更为丰富的商品信息。

为了抢占电商直播风口，淘宝平台推出了淘宝直播，并被企业界视作为阿里完成电商升级的重点布局之一。直播与电商的融合催生出了一种新的消费形式，未来将有望成为主流趋势。

事实上，对于这种前景广阔的新生业态，无论其最终是否能够发展壮大，我们都需要给予高度关注，因为在颠覆成为常态的移动互联网时代，如果企业不能跟上时代的步伐，即便是行业巨头也会在短时间内迅速陨落。

20 世纪原创媒介理论家 Marshall McLuhan（马歇尔 · 麦克卢汉）指出："媒介即信息。"而直播这种全新的媒介无疑能够使用户的信息获取、传播、消费等发生颠覆性变革。在我们进行消费决策时，需要大量的信息提供强有力支撑才能制定出更为科学合理的决策，而媒介对信息的传播则存在着直接影响。

在传统电商模式中，消费者获取的信息通常就是文字、图片，人们在电商平台上网购时，接触到的信息几乎都是商家进行了美化的图片，以至于很多消费者收到商品后发现实物和图片中的商品完全是两个不同的商品，找客服人员反馈时，客服通常会表示这是由于存在色差造成的。而直播则不是如此，**主播将产品的外观、功能等更为真实地展示在用户面前，使用户获得了足够的数据，自然会更容易达成交易。**

直播和服务人员为消费者一对一地讲解产品存在着一定的差异，主播在直播过程中，直播间内会同时存在大量观众，这些观众聚集起来后对交易产生了良好的促进效果。波罗蜜全球购创始人雷婷婷表示，**直播间内观众的从众心理能够有效提升转化率。**在一个互动性极强的场景中，少数几个人的购买很容易引发其他人的冲动消费。

群体效应的存在使那些购买意愿强烈的观众刺激那些选择困难的观众进行消费。尤其是采用限时限量的方式销售产品时，消费者的购物可能就变得不再理性。以前，在电商平台上以图文形式策划这类活动时很容易受到来自平台方的限制。

对于消费决策产生如此之大影响的直播自然会吸引电商平台的密切关注。波罗蜜全球购是国内布局直播电商较早的平台之一，作为一家海淘电商平台，其采用自己招聘、培养主播，并自己策划直播节目的模式试水直播电商，平台销售的产品均由买手前往世界各地进行采购，此外，在策划直播节目时，波罗蜜全球购也会参考品牌方给予的相关数据，从而有效提升直播内容的专业性。

目前，波罗蜜全球购的海淘业务主要以韩国和日本为主，并招募了数十名主播。之所以会选择自己打造直播团队，而不是和外部的网红进行合作，主要是因为在各大直播平台争抢主播资源的背景下，和网红合作需要付出极高的成本，尤其是波罗蜜全球购需要大量的主播进行直播，这种成本显然不是一家正处于探索阶段的垂直电商平台所能承受的。

7.2.2　网红直播：改变传统的电商生态

直播电商给消费者带来了全新的购物体验，也为商家提供了一种进行营销推广的强力武器。波罗蜜全球购和海外品牌商进行合作时，品牌商对其直播所带来的营销价值给予了高度认可，直播不仅让品牌商的产品销量获得了一定的提升，更使品牌曝光量明显增加。

在波罗蜜全球购策划的直播内容中，通常都会让主播为观众讲解品牌创始人的创业故事、品牌发展历程及品牌理念等，这种情况下，即便观众最后没有购买产品，其对品牌的传播推广也具有极高的价值。

在电商流量成本日益增加的时代背景下，直播也不失为一种低成本、高效率的引流方式。品牌商通过和网红进行合作，可以使其在社交媒体平台中积累的海量粉丝进入到自己的店铺中，尤其是将产品及品牌信息和直播内容进行巧妙结合后，其效果要远超过传统的营销方式。

作为内容供应者的主播在直播电商中无疑会发挥十分重要的作用。在淘宝平台开店的部分网红在直播崛起后，积极投身直播领域，试图借助直播电商模式红利获取高额的利润回报；有些在直播平台成功崛起的网红，则开设了淘宝店铺，深度挖掘粉丝群体的潜在价值。除了这两类主播外，淘宝直播的主播还有品牌商、关键意见领袖和自媒体团队等。

和传统电商相比，直播电商如果能够发展壮大，整个产业生态将会更为复杂、更为庞大。以服装模特为例，以前她们仅为商品拍摄照片，而未来直播电商崛起之时，她们也会面临转型，会有相当多的人转型成为主播。目前，一些网红孵化公司正在积极招募并培养类似服装模特这种有成为网红潜力的群体，从而为直播电商输送相关人才。

当然，平台也需要进行调整，电商平台在长期发展过程中已经形成了相对稳定而成熟的组织结构、运营机制及业务流程等，要想做好直播电商，必须要在这些方面做出一定的调整，这显然是一项长期而复杂的系统工程。

在变现方面，店铺自己的主播通过直播促进交易增长后，能够直接获得收益，而第三方主播则是通过接受直播任务，以直播佣金的形式获取回报。为了加快自身在直播电商领域的布局进程，未来一段时间内，淘宝很可能会推出主播激励机制，根据主播所吸引的流量、促成的交易额等数据为其提供一定的物质奖励。

和电竞主播与秀场主播相比，虽然电商主播提供的内容也具有一定的价值，但粉丝赠送虚拟礼物这种变现模式并不能为其提供足够的价值回报，其核心利润来源将是产品销量增长所带来的佣金。虽然直播电商是一种新生事物，但淘宝、京东、蘑菇街、聚美优品等国内领先的电商平台均开始布局这一领域，在不远的未来，直播电商将迎来爆发式增长期。

7.2.3 模式优势：信息对称与互动性强

直播与电商的融合，在国内互联网领域掀起了一股巨大浪潮。吴尊直播卖奶粉，仅 1 个小时带来了 120 万元的成交额；柳岩直播卖枣夹核桃，仅 1 个小时销售了 20000 多件。类似这样的案例数不胜数，随着投融资机构的涌入，直播平台如雨后春笋般大量涌现。

广大民众尤其是年轻群体对于直播这种全新的娱乐方式也十分青睐。公布的数据显示，有大约 46% 的网民使用过直播应用，预计 2020 年我国在线直播市场规模为 600 亿元。

2016 年 3 月，淘宝上线了直播频道，一年后的今天已经有上千名主播在淘宝直播上进行过直播，观看过直播的用户达到了 1000 万人以上，日均直播场次达到近 500 场。在观看直播的用户中，女性用户占比为 80%，90 后用户达到了 50% 以上。而在专注于时尚女性用户群体的蘑菇街中，观看直播的女性用户占比达到了 93.2%。

人们收入水平的增长与消费需求的不断升级给电商产业的发展注入了源源不断的活力与发展动力，而“直播 + 电商”模式被视作电子商务的下一个风口。2015 年 7 月，国内领先的跨境电商平台波罗蜜试水“直播 + 电商”。进入 2016 年后，不仅国内的淘宝、蘑菇街、聚美优品、网易考拉海购等电商平台切入这一领域，国际电商巨头亚马逊也推出了网络直播服务。

长期以来，传统电商模式中存在着两个始终未能有效解决的痛点：**一是商品信息展示不足，消费者制定消费决策时缺乏足够的信息；二是互动性较差，商家与消费者难以建立良好的信任关系。**这两个痛点在“直播 + 电商”模式中得到了有效解决，如图 7–5 所示。

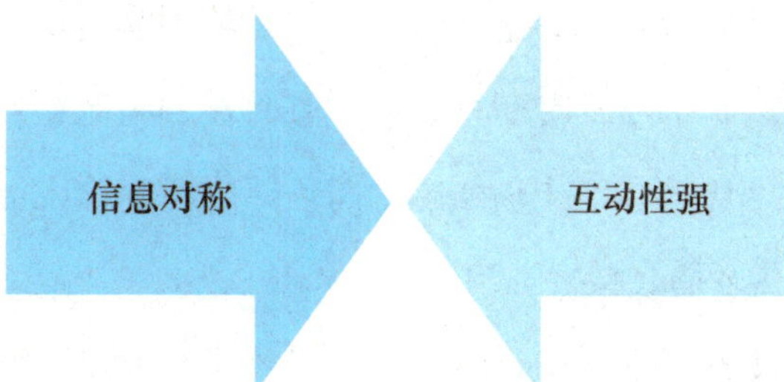

图 7-5 “直播 + 电商”模式的优势

回 信息对称

对于诚信体系部分缺失的国内市场环境而言，传统电商中的卖家主要是通过文字、图片等形式的内容向消费者介绍商品及品牌信息，虽然互联网的存在能够让消费者自己在线上搜索相关信息，但很难获取到产品的真正产地、材质、生产工艺等方面的信息，而且有很多商家为了增强产品的吸引力会夸大产品品质，甚至提供虚假信息，这就使得供需双方存在着明显的信息不对称问题。

而直播则成为解决这一问题的有效途径，“电商 + 直播”模式能够让消费者近乎身临其境般地获取产品的相关信息，双方之间的信息壁垒被打破，使商家与消费者更容易建立起良好的信任关系。和文字与图片信息相比，视频信息能够承载更为丰富的内容，而且直播是实时为消费者提供视频内容，更具真实性与视觉冲击力。

传统电商模式的信息不对称的痛点使消费者很容易对商品的品质产生质疑，而在“直播 + 电商”模式中则基本不会遇到这方面的问题。以波罗蜜为例，波罗蜜销售的商品都是平台的专业采购人员在产品海外原产地进行采购，并且让主播和采购人员共同前往品牌商的线下体验店、生产车间、仓库等进行参观，在直播过程中，消费者可以向主播提出各种与产品及品牌有关的问题，主播会在品牌方的帮助下提供最专业的解答。

回 互动性强

传统电商互动性缺失的问题给电商从业者带来了相当大的困扰，虽然客服人员可以通过阿里旺旺等由电商平台提供的工具和顾客进行互动，但一方面顾客人数过多，客服人员很难及时回复；另一方面长时间地重复回答不同顾客提问的相似问题会让客服人员产生烦躁感，而且部分顾客的说话态度存在一定的问题，易使双方产生矛盾，直接影响交易。

而在“直播 + 电商”模式中，通过主播一对多的专业讲解能够有效解决很多消费者共同的疑问。对于其他问题，部分知晓答案的观众会主动帮助主播进行解答，主播通常只需要回答一些专业性较强的问题即可。

此外，在主播的吸引下，大量有共同兴趣爱好的粉丝聚集起来，一起跟随主播体验商品、探寻品牌背后的故事，本身就能给观众带来良好的体验。在这种良好的购物氛围，边看边买自然就是水到渠成的事情。

7.2.4　模式运营：基于内容的流量变现

现有的“直播 + 电商”模式中实现直播与电商结合的方式主要有以下 3 种。

回 基于直播平台，以商品链接的方式接入电商平台

这种方式在价值变现方面具有明显优势。但需要注意的是，和电竞直播、秀场直播等泛娱乐直播相比，电商直播是以成果为导向，它对于转化率、交易额等变现数据更为侧重，而不是前者强调的在线人数。

电商平台引入直播是为了达成交易，吸引那些对产品真正感兴趣的细分群体，在推动产品销量增长的同时，有效提升品牌的影响力。所以，这需要直播平台能够为电商卖家引入更为精准、更为优质的流量，而不是一味强调流量规模。

回 以电商平台为基础，开辟直播电商板块

这种方式要求电商平台本身具有较高的流量，适合于淘宝、天猫、京东等大型电商平台。通过与拥有较多粉丝的明星、网红进行合作，深度挖掘这些粉丝群体的潜在价值，从而完成价值变现。

数据显示，2015 年“双 11”当天，美宝莲天猫旗舰店内的所有品类的口红共卖出 9000 支。2016 年 4 月 14 日晚，美宝莲邀请当红明星 Angelababy 在淘宝上进行了 2 个小时的直播，此次直播 Angelababy 向粉丝推荐了美宝莲推出的一款新口红产品“唇露”，最后的统计数据显示，2 个小时共卖出了 10060 支口红，超过了 2015 年“双 11”当天的口红产品总销量。

回 具有直播特性的新一代电商垂直平台

这种垂直平台为用户提供了边看边买的功能，观众可以在不退出直播间的情况下直接购买相关产品。以“美妆网红”视频电商平台小红书为例，平台中的达人们可以通过分享自己录制的 60 秒左右的视频，与粉丝进行交流互动来推荐相关产品，认可这些产品的粉丝可以直接在小红书上购买。

传统电商的模式红利已经消失，电商平台发展“直播 + 电商”模式是为了抢占新的流量入口。本质上，直播是一种全新的媒介，其媒体属性决定了核心始终是内容的品质。随着直播平台数量不断增长，平台之间的竞争会愈发激烈，而选择更为多元化的消费者只会关注那些能够真正提供有价值的内容的平台。

电商商家和明星、网红进行合作确实能够带来流量的大幅度增长，但直播过后这些粉丝也将随着明星、网红的离去而流失。因此，商家能够持续性地为粉丝提供优质的内容就显得十分关键，未来，只有那些能够为用户持续提供优质内容的电商商家，才能真正从“直播 + 电商”模式的风口中获得足够的价值回报，否则很容易沦为处在产业链附加值最低环节的明星与网红进行价值变现的供应商。

7.3 运营实战：直播电商引流变现与盈利法则

7.3.1 内容社交化：解决用户的购物痛点

当前直播产业异常火爆，且正不断与其他领域渗透融合，形成“直播 +”的商业新形态。“直播 + 娱乐”已经比较成熟，不论是 PC 时代崛起的国内最大的视讯娱乐社区 9158 成功上市，还是移动端的陌陌直播推出不到一年便成为陌陌平台的主要创收渠道，都充分表明了“直播 + 娱乐”所蕴含的巨大价值。

同时，随着互联网营销之争的白热化，越来越多的品牌开始在美拍等直播平台中开展营销活动并取得了不俗的成效，“直播 + 营销”业务也逐渐成为很多综合类直播平台的运营重心。

另一个较受关注的结合方向是“直播 + 电商”，即通过直播形式售卖产品，实现更高效的营销转化，很多人认为这一创新型的电商形态有利于打破 BAT 的流量垄断格局。不过，也有观点认为“直播 + 电商”只是一个伪命题，其逻辑大致有两种。

一种观点认为“直播 + 电商”这一概念本身就不成立。直播只是与文字、图片一样的宣传方式，电商的商业化本质并没有改变，因此既然以往不存在所谓的“文字 + 电商”“图片 + 电商”，那么“直播 + 电商”的概念也就无从谈起。

另一种观点虽然认同“直播 + 电商”模式，但并不看好其发展潜力和价值。“直播 + 电商”本质上是“电视 + 电商”，即 T2O 模式（TV to Online），而从已有经验来看，电视这一强大的媒体平台都没能做好电商导流、提高电商销量，更不用说后起之秀的直播平台了。

将直播单纯地归结为一种宣传方式其实是混淆了“直播 + 营销”和“直播 + 电商”。可以想象，如果阿里巴巴等巨头开始采用“直播 + 电商”模式，那么直播就绝非是简单的宣传方式，而是如同购物车、商品图片一样不可或缺电商的基础设施。

对于第二种观点，虽然直播平台表面看来类似于“互联网电视台”，但作为在移动互联网下才大规模爆发的社交自媒体，其拥有与传统媒体完全不同的诸多属性和特质，因此电视媒体做不好电商并不能证明“直播 + 电商”也无法成功。

“直播 + 电商”就是通过直播这一备受用户青睐的方式进行产品或服务销售、提供交易支持。而这一创新业态之所以引起各方普遍关注，很重要的一点是其有效解决了传统电商模式的诸多痛点。

我们先来分析一下传统的电商模式有哪些痛点。**与传统线下实体门店购物相比，消费者通过互联网平台获得的商品信息相对有限，无法据此做出合理的消费决策。**例如，买衣服、化妆品、房子、车子等时，用户显然更希望能够真实“触摸”产品、听取营销人员的详细讲解，然后再根据自己在现场的整体体验进行决策，这对于传统电商模式来说是难以做到的。

传统电商的第二大痛点是缺乏社交内容，不能为用户提供商品之外的更多体验，因此无法满足人们更高层次的价值诉求。在物质极大富裕的今天，人们去逛街购物不再只是单纯获得需要的产品，而是在这一过程中融入更多社交和娱乐元素，将其视为一种社交活动和休闲娱乐方式，如购物后与朋友的聚餐或看电影等。传统电商模式虽然让人们足不出户就可以获得丰富多样的商品，但却无法满足更高层次的社交娱乐需求。

对于这些痛点，传统电商参与者从技术、模式等多种维度不断探索有效的解决方案。

如针对用户线上无法试穿衣服以确定是否合身的难题，一些商家推出了 3D 试衣间、免费试穿等服务；用户若想获取更专业的产品讲解，蘑菇街等导购平台中的购物达人、什么值得买这类快速崛起的导购网站则可以充分满足这些诉求；买房子时不想费时费力地跑到现场，可以通过 VR 样板房“身临其境”地感受房子；线上选购家具时不确定是否合适，则有尚品宅配的上门量尺服务以及必要商城推出的 AR 版移动应用。

然而，这些解决方案有的虽然能够解决问题，如上门量尺、免费试穿等服务，但成本过高；有的则受制于技术瓶颈，在实际体验方面还有待优化提升，如 3D 试衣间、AR 购物、VR 样板房等。

与此不同的是，“直播 + 电商”通过对商业思维、模式、路径等方面的创新重构，很大程度上解决了传统电商模式的发展痛点。

第一，视频形式传达的信息维度和内容远比文字、图片更丰富，能够让用户全面准确地了解产品或服务；同时，以直播的方式介绍产品信息，能最大限度地确保用户看到的是未经“修饰”的真实内容。因此，对车、房等产品来说，视频是最佳的宣传载体。

第二，主播的讲解示范以及与用户的即时互动，有效解决了“专业讲解”这一导购问题。用户在购买家电、家具、美妆等商品时，常常会有很多问题，直播过程中主播的讲解互动可以为用户提供与商场购物时导购员耐心解答类似的服务体验。

第三，直播虽然表面上看起来像“互联网电视台”，但与电视媒介的信息单向传输不同，直播具有很强的社交属性，用户不仅能够与主播互动，还可以通过弹幕等方式与其他观看直播的用户进行交流。当众多用户基于对某个知名主播、明星或商品的共同关注而聚合到相关平台一起观看直播时，便会或多或少地体验到线下购物时与朋友“逛街”的感觉，并通过互相分享交流各自的产品或服务体验，做出更合理的消费决策。

虽然通过直播的方式获取产品或服务信息需要花费更高的时间成本，但总体上看，直播电商模式其实提高了消费者的整体决策效率，而且一些需要长期决策的商品本身就会耗费较大的时间成本。同时，随着越来越多的网红、明星参与直播电商中，直播购物融入了更多的娱乐化元素，此时的时间成本已不再是问题，正如人们在毫无目的的闲逛时并不会过多地考虑节省时间，因为这本就是一种休闲娱乐方式。

7.3.2　赋能商家：提升产品的销量转化率

从品牌或商家的角度来看，他们关注的是“直播 + 电商”能否降低投入产出比。如果商家能以更少的投入获得更多的回报，那么他们是十分乐意采用这一创新模式的。总体来看，“直播 + 电商”对商家的好处有以下几点。

回 全面多维度地呈现商品信息，促进消费者高效决策

线上购物时，用户获取的商品信息越全面细致，越容易做出决策，因此提高商品信息的传递能力、促进用户快速决策就成为商家的重要诉求。

例如，当视频成为一种备受欢迎的信息呈现形式时，电商零售巨头 Amazon 就为用户提供了一些商品的 360° 动态视频，使用户可以全方位直观获取产品信息。同样，直播也有利于商家多维度地呈现商品信息，更好地促进用户有效决策。

回 从一对一的讲解变为一对多，降低售前咨询服务成本

传统电商模式中，一个客服人员只能同时对接一个潜在用户，这导致电商

的人力成本居高不下。与此不同的是，直播是将分散的、具有同质性需求的消费者聚集起来共同观看主播的讲解，彼此互动，从而使售前咨询服务从“一对一”变为“一对多”，大大提高了咨询服务效率。

回 直播赋予了电商“叫卖”的能力，提高了销售效率

人们在菜市场、超市、街边地摊等地方总能听到商家或营销人员的叫卖声，这种“叫卖”行为并非没有意义，能够吸引更多用户目光，促进产品销售。同样，“直播 + 电商”模式中，主播的讲解互动也具有类似“叫卖”促销的效果，有利于提高产品销售率。

回 聚集人气塑造出团购氛围，提高销售转化效率

体验经济时代，场景氛围和体验对用户的消费决策有着很大影响。“直播 + 电商”模式中，商家可以借助网红明星主播和多种促销手段，聚合起大量人气，为用户营造出类似于团购的氛围。

线下店铺一般是通过灯光、背景音乐、商品陈列等多种布置为顾客搭建舒适的购物环境；而直播营造的氛围则类似于团购，只不过并非限时降价促销，而是通过聚集大量人气为用户提供一种群体消费的“狂欢”体验。例如，2015年阿里联合湖南卫视举办的“双 11”晚会，就具有类似直播电商的营造氛围、提高转化效率的功能，不过与后者相比，其互动性和个性化略有不足。

回 网红、明星主播的高成本只是暂时的，电商直播的方向是平民化

虽然当前多数电商平台都是邀请明星、网红、专业达人等作为主播和产品讲解员，但这只是为了聚集更多人气、培育直播用户；一旦电商直播市场走向成熟，必然会向着平民化、大众化方向发展，商家自己就可以去做直播。

未来的电商行业中，各商家都会拥有大量“专职主播”为用户提供专业直播服务，这些主播凭借较好的形象气质或者不错的口才等帮助商家聚集大量人气，相当于传统实体门店的导购人员，且成本也远低于当前的网红、明星主播。

传统电视购物模式中，“直播”属于稀缺资源，只有保健品这类高利润商品

才能承担起黄金时段电视台高昂的广告费用，多数商品无法参与到电视购物或所谓的 T2O 领域。与此不同的是，移动互联网时代获取直播资源已不成问题，任何商家都能找到很多提供直播服务的平台，成本支出的主要方面是带宽费用。微博 CEO 王高飞指出，当前每个直播用户的带宽成本平均为每天 2 元，而这与电商用户获得的流量回报相比，显然是微不足道的。

7.3.3　选品策略：直播电商的产品与服务

比较适合做直播电商的产品或服务大多具有以下特质，如图 7–6 所示。

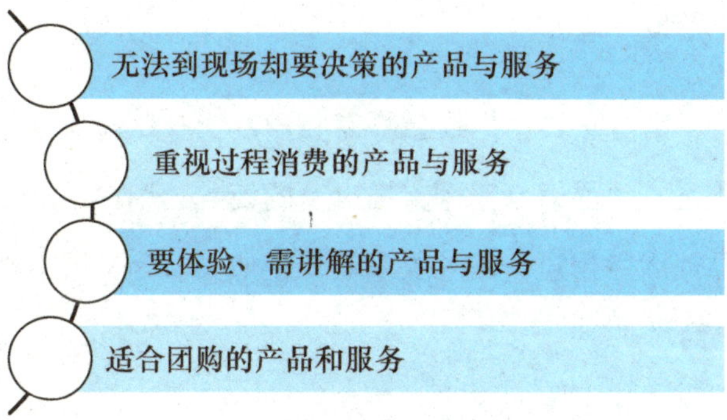

图 7-6　直播电商适合做的产品与服务

回 无法到现场却要决策的产品与服务

当前越来越多的跨境进口电商平台开始涉足直播电商模式，通过直播服务解决用户在购买进口商品时无法亲临现场了解产品信息却又必须做出决策的痛点。对于旅游服务类产品，人们在到达目的地之前是无法真正了解的，直播则可以为用户全方位展示现场的真实场景，帮助人们更有效地做出决策。同样，进行项目投资决策时，投资者仅在股权众筹等平台获取项目信息总会感觉不踏实，借助直播则可以更直观、全面地了解项目。

回 重视过程消费的产品与服务

以往消费者关心的只是最终呈现在自己面前的产品，很少关注整个生产制造流程，如人们在吃鸡蛋时并不会去关注下蛋的母鸡。现在的消费者则开始更多地关注过程：食材的种植过程、手工艺品的制作过程、食物的烹饪过程、孩子的学习过程等。

从结果消费向过程消费的转变，为直播提供了“一展身手”的舞台：通过直播，消费者可以看到餐厅后厨的环境和食物的烹饪过程，从而确保食品安全，并观赏食品的制作流程。因此，**重视过程消费的产品或服务比较适合做直播电商。**

此外，C2B 个性化定制时代下长尾经济的崛起使越来越多的个体参与到产品或服务的生产制作中，当消费者出于对个体的喜爱去购买产品或服务时，也比较适合做直播电商。

回 要体验、需讲解的产品与服务

房子、车子、家电家具、化妆品等需要通过切身体验和专业讲解才能做出决策的产品或服务，也很适合采用直播电商的模式。用户不必亲临现场便可多维度地获取产品或服务信息，提高决策效率，如美妆等领域中越来越多的商家开始运用直播电商模式。

回 适合团购的产品和服务

直播电商创造了一种新的团购形态，与传统团购限时限购的促销方式不同，直播电商基于聚合起的海量人气向有同样需求的众多用户推送产品或服务。因此，以往适合做团购活动的产品或服务也同样适合采用直播电商模式。

7.3.4 直播电商运营需要解决的技术障碍

“直播 + 电商”巨大的发展潜力和想象空间吸引了越来越多的关注目光和参与者，已经具备了全面爆发的条件。

天时：当前移动互联网已成熟普及，网红经济方兴未艾，直播产业快速崛起，消费升级不断加速，这些都为直播电商的发展提供了十分有利的环境。

地利：“直播 + 电商”的重心是电商，是经济新常态背景下对传统电商模式

的创新探索，因此主导者不是电视台或视频网站这些媒体，而是电商平台。以电商平台为成长土壤的直播电商，必然能基于已有的用户和商家体系，大幅提高产品、服务与人的连接效率。

人和：从平台角度来看，直播可以提高人与产品或服务的连接效率，构建流量闭环，如淘宝平台制定的 2016 年三大战略中，内容化和社区化的最终目标都是构建流量闭环，有效提高用户黏度。对用户来说，直播不仅能够提供多维度的产品或服务信息，使自己更合理地进行购物决策，而且直播中的社交、娱乐元素也将大大增加电商购物的趣味性。对商家而言，直播电商模式则有利于提高转化率和销售业绩。

虽然“直播 + 电商”的爆发是必然趋势，也具备了“天时”“地利”“人和”的条件，但当前仍有一个最大的瓶颈需要解决——技术方面的难题，即不断优化升级语音、图像、VR 等技术，使直播与电商的融合更加顺畅，为用户带来更好的直播购物体验，提高转化率。

回 语音技术

在主播讲解某个商品时，直播界面同步显示商品链接，使用户可以方便地将其加入购物车，从而大大提高转化效率。虽然当前还没有哪个直播平台能够做到这一步，但聚划算却提供了一个有效思路：利用语音口令帮助观看直播的用户实现快速购买。主播公布语音口令后，用户在聚划算 APP 中通过“喊出”该口令的方式获取优惠并购买商品。这为直播中有消费欲望的用户提供了便捷购物的渠道，提高了转化效率，也丰富了直播互动形式。

回 图像技术

主播展示某个商品或到达某个场景时，通过图像识别技术探测对应商品并推荐给用户，从而为用户提供一种边看边买的全新体验。当前已有创业团队在视频领域进行这类尝试，如用户在观看某部电视剧时十分中意女主角的某件衣服，可以通过图像识别技术直接将其放入购物车中下单购买。不过，要准确识别不同的商品并不容易，特别是将图像识别技术融入直播中进行实时识别就更加困难。

回 VR 技术

随着 VR 革命逐渐拉开帷幕，直播与 VR 的结合成为必然。直播电商的一个重要价值是让用户无须到现场就能全方位了解产品或服务信息，更好地做出决策，VR 技术则能大大增强直播电商的这一优势。

通过 VR/AR 技术，用户可以“身临其境”全面、多维、直观地了解商品信息，“面对面”地听主播讲解、与其他用户交流沟通，从而获得一种全新的线上购物体验。例如，淘宝平台提出的“Buy+ 计划”就是致力于为用户打造虚拟现实购物场景；此外，阿里还提出要布局 VR 内容平台、发展 VR 交互技术，这些都将促进 VR 直播电商的发展。

回 开放平台

当前各电商平台尝试直播电商时，多是邀请明星或网红作为主播聚集人气，并没有将直播电商开放给平台商家。不过，正如上面提到的，“平民化”是电商直播的必然趋势。因此，随着直播电商的发展普及，未来必然会向众多商家开放。

一方面，商家可将某种商品接入电商平台组织的直播活动，获取更多订单，如网红主播佩戴了某个耳环，直播界面会自动显示商家的商品链接，方便用户购买。**另一方面，商家可以直接在商品页面嵌入直播功能，自己邀请达人或者让店铺小二进行直播，发挥“促销 + 导购”的功能。**因此，未来用户进入淘宝商家店铺选购商品时，可以通过观看直播的方式全方位了解商品信息。

虽然存在技术方面的制约，且语音、图像识别、VR 等技术短期内也很难真正成熟，但这只是时间早晚问题，“直播 + 电商”的发展大势是不可逆转的。况且，随着越来越多的资本和巨头参与进来，技术层面的发展突破将不断加速，直播与电商的融合也将更加顺畅，从而不断优化升级用户的直播购物体验。